AF554528

Table générale de la revue « LE BUGEY » depuis sa parution 1909

TABLE GENERALE

de la revue

« LE BUGEY »

(1909-1983)

par

Pierre DOMINJON, Président

Albert DALLEMAGNE, Archiviste-Bibliothécaire

INTRODUCTION

Le Bureau du « Bugey » est heureux de présenter aux abonnés et lecteurs de la revue la table générale des matières de ses fascicules depuis la fondation, en 1909, jusqu'à ce jour.

Le but d'une table des matières étant de connaître et de trouver facilement les sujets traités et leurs auteurs, le nombre des voies de recherche a été multiplié.

Outre les classiques tables des *auteurs* et des *articles*, l'ouvrage comporte :

Un Index des *noms propres* de *personnes* étudiés ;

Un Index des *noms propres* de *lieux* étudiés ;

Un certain nombre de *rubriques* insérées dans ces index ;

Une table des *illustrations*.

LES INDEX des noms propres comprennent la majorité des noms des personnes et des lieux qui ont fait l'objet d'une étude, même courte, dans un ou plusieurs articles.

LES RUBRIQUES qui sont insérées, à leur place alphabétique, dans ces index, regroupent les références se rapportant à un sujet souvent étudié dans les bulletins. Tels sont par exemple : *Comtes et Ducs de Savoie, Monastères, Eglises, Révolution,* etc...

LES TABLES

LA TABLE DES AUTEURS, établie par ordre alphabétique, n'appelle aucune remarque.

LA TABLE DES ARTICLES est établie par sujets. Les quatre divisions principales correspondent aux quatre branches d'études de la société : historique, scientifique, artistique et littéraire.

Un plan de l'ordre à l'intérieur de chaque division est donné en tête de cette division.

Il arrive fréquemment qu'un article devrait figurer dans plusieurs sections de la Table des articles : les rapports entre l'Histoire et la Sociologie, ceux entre l'Art et l'Archéologie sont fréquents. Afin de ne pas trop « gonfler » la table, les auteurs n'ont fait figurer qu'exceptionnellement un article dans plusieurs sections. Mais les index et les rubriques y insérées seront souvent d'un grand secours dans ces cas.

Enfin, les *monographies* qui, par nature, touchent à un peu tous les sujets sur une agglomération donnée sont, pour cette raison, placées dans l'Histoire Générale.

LA TABLE DES ILLUSTRATIONS est aussi établie par sujets et comporte un plan des diverses sections. A noter que les photographies de groupes prises à l'occasion des visites de monuments peuvent parfois permettre de trouver, aux mêmes pages du fascicule, quelques indications sur ces monuments.

LES REFERENCES : Pour l'ensemble des Tables et Index, le premier chiffre suivant l'énoncé est celui du numéro du Bulletin ; le second est celui de l'année (1). Cette double référence permettra de redresser les erreurs qui ont pu se produire dans une table comportant plusieurs milliers de nombres.

Lorsque le simple énoncé de son titre est suffisant pour retrouver l'article indiqué dans le sommaire qui figure sur la couverture de chaque bulletin, le numéro de la page n'est pas indiqué puisqu'il figure sur le sommaire. C'est le cas de la presque totalité de la table des auteurs et de celle des articles.

Par contre, la table des Illustrations et les tables des Index, qui renvoient à des figures, lieux ou personnes que le titre de l'article ne permet souvent pas de connaître, indiquent toujours la page où se trouve l'objet de la recherche.

---

(1) Les deux fascicules parus en 1909 portent les numéros « 1-2 » et « 3-4 » car ils ont été imprimés semestriellement alors que les statuts de la Société prévoyaient une parution trimestrielle. Comme les fascicules suivants ont été numérotés par 3, 4, 5, etc..., la présente table porte pour le fascicule « 1-2 » la référence « 1 » et pour le fascicule « 3-4 » la référence « 2 ».

LES NOMS D'AUTEURS : Les noms, les prénoms et qualités des auteurs (lorsque ces derniers sont connus) figurent dans le table des Auteurs. Dans les autres tables, le nom seul est indiqué ; le prénom ou son initiale ne figurent que lorsqu'il y a plusieurs auteurs du même nom.

MISE A JOUR : L'impression de ces tables a été faite afin que puissent être insérées postérieurement les indications se rapportant à des auteurs, articles, noms ou illustrations à paraître. L'ambition des auteurs est que cette table générale puisse être facilement tenue à jour jusqu'à la fin de ce millénaire.

EXCUSES DES AUTEURS : Bien que cet ouvrage ait été fait avec soin et plusieurs fois revu, et qu'il ait demandé plusieurs centaines d'heures de travail, il est certain qu'il existe des erreurs ou des omissions. Nous prions nos lecteurs de nous excuser et de nous les signaler dès qu'ils en apercevront.

Table des noms d'auteurs

Il n'a pas été possible de retrouver les prénoms et les qualités de tous les auteurs. Nous avons donc indiqué l'initiale du prénom lorsque nous la connaissions, et les divers titres nobiliaires, militaires, religieux et professionnels, notés par les auteurs eux-mêmes et qui peuvent aider à les distinguer de leurs homonymes.

D'AIGUY Diane

Daniel Rops en Bugey : 38.1951

D'AIGUY (Comte)

Aperçu sur Paul Claudel à propos du Bugey : 38.1951

D'AIGUY Raymond

Lucien Tendret (1829-1896) : 39-1952

ALLOING (Chanoine)

Le Cardinal Sevin au collège de Belley : 22.1928

AUBAGUE (Sœur Marie Thérèse)

Le dernier syndic du Chapitre de Belley : 60.1973

AUGE DE LASSUS L.

Une vieille maison d'Ameyzieu : 3.1910

BALVAY G.

Le Lac de Barterand (avec LAMBERET) : 58.1971
Le Lac de Barterand, milieu entrophe : 64.1977

BAUDOIN Charles

Carnet de route, pages du journal d'un soldat de Fort-les-Bancs et de Belley (1914-1915) : 43.1956

BEISSON L.

Les conscrits de l'An X dans une commune du Petit Bugey : 48.1961

BERLIOZ Fernande

Poésies : 38.1951
Poésies : 43.1956

BERTAL Claude

Poésies : 38.1951

BERTHELON Louis

Quelques notes sur Artemare aux temps anciens : 31.1937 - 32.1938

BEZOU Pierre (greffier)

Brillat Savarin et la musique : 36.1949

BLANC Pierre

Aperçu sur la numismatique : 56.1969

BLANC Alix

Emile Bethenod, banquier et poète (1846-1929) : 61.1974

BLANCHET Alfred

Poésies : 13.1919
A. Gabriel Vicaire (poésies) : 25.1931

BLAZIN J.P.

Recherches spéléologiques sur le Mont Tournier : 56.1969

BLIN L.

Notes sur le passage du Rhône de Genève à Lyon : 63.1976

BOLLE A.

Essai sur les origines d'Oyonnax : 28.1934

BONHOMME Albert (journaliste)

Les Fêtes de Brillat Savarin : 22.1928
Visite de la Société Savoisienne d'Histoire et d'Archéologie à Virieu et à Belley : 29.1935

BONNAMOUR Louis

La grotte des Romains sous Pierre-Châtel - Fouilles anciennes (avec DESBROSSE) : 53.1966

BOZONNET Jean (Abbé)

Promenade mycologique dans le bois de Rotonne : 61.1974

BRACHET E.

Les fouilles d'Izernore : 3.1910
Philibert Berthelier, fondateur de la République de Genève, et Bonivard, l'illustre prisonnier de Chillon : 19.1925
Le séjour d'Honoré d'Urfé au Château de Virieu-le-Grand : 19.1925
Une légende : la maison d'Olivier le Daim à Belley : 20.1926

BRILLAT-SAVARIN Jean Anthelme (Avocat)

Lettre à Madame Roux : 35.1948

BRU Yves

Originalité du plan de l'Abbaye de Saint-Sulpice en Bugey : 63.1976.

BRUNARD André

Quelques champignons du Bas-Bugey : 3.1910 - 4.1910 - 5.1911 - 7.1912

BRUYERE (Chanoine)

Venue à Belley de NN. SS. Madot, du Dousset, de Montillet : 33.1939
L'Hôpital de Virieu-le-Grand : 33.1939
Les tapisseries de l'ancienne cathédrale de Belley : 35.1948
Le musée de la Cathédrale de Belley : 36.1949
La venue des Parrat à Belley : 37.1950
Fondation de la Chapelle du Sauveur dans la cathédrale de Belley : 40.1953

CALLET Albert

La tombe de Nivière Chol à Virieu : 1.1909
Honoré Fabri de Virieu-le-Grand : 3.1910
Histoire des inondations du Bugey : 3.1910
Mandrin dans le Bugey : 4.1910
Anciens registres de catholicité, à Virieu (1587-1792) : 4.1910
Ancienne confrérie de Ceyzérieu (1767) : 5.1911
Le régiment du Bugey (1692-1714) : 7.1912 - 8.1912
L'Astrée et l'Art des jardins : 9.1913
Testament d'Honoré Fabri (1626) : 9.1913
Noms de lieux à Virieu-le-Grand : 10.1913
Palais épiscopal de Belley : 11.1914
Conférence sur Brillat-Savarin : 12.1914
Maison forte de Virieu-le-Grand : 12.1914
L'Abbé Pessonneaux et la Marseillaise : 13.1919
Les Vacances de Brillat-Savarin : 13.1919
Brillat Savarin : 14.1920
Le Dîner de la paix à Belley (Millerand chez Pernollet) : 14.1920
Le siège de Maubeuge (1914) : 15.1921
Lettre du Général Fournier (1922) : 16.1922
Brillat Savarin Archéologue : 18.1924

CANDAUX Jean Daniel

Ferney en 1775 : 48.1961
Le chartreux numismate de Pierre-Châtel : 51.1964

CARROZ André (Professeur)

Evolution économique et sociale de Belley de 1880 à nos jours : 56.1969
Contes et légendes du Bugey : 57.1970

CARRY (Docteur)

Bibliographie de Brillat-Savarin : 16.1922 - 18.1924

CASTELNAU André (Journaliste)

La Disparition de l'E.P.S. (1969) : 56.1969

CASTIN Henri (Généalogiste)

L'administration du pays de Gex au XVIIIe siècle : 41.1954
Le conflit Fabry-Castin : 42.1955
La noblesse bugiste aux XVIIe et XVIIIe siècles : 62.1975 - 64.1977 - 65.1978 - 66.1979
La noblesse bugiste par anoblissement savoyard : 67.1980 - 69.1982 - 70.1983

CATTIN Paul

La vogue et la chapelle de Braille : 62.1975

CHAGNY André (Chanoine)

Légende du Haut Bugey : 1.1909
Légende Valromeyzanne : 2.1909
Légendes du Bugey (avec Lourdel) : 3.1910
Le Bugey : son esprit et son cœur : 4.1910
Notice sur le Général Collet-Meygret : 5.1911
Le Général Baillod : 6.1911 - 7.1912 - 8.1912 - 9.1913 - 10.1913 - 11.1914 - 16.1922 - 17.1923
Poésie (avec AGUETANT) : 8.1912
Brou souterrain : 11.1914
Une lecture en Bugey en 1999 : 13.1919
Le Général Sibuet : 28.1934 - 29.1935 - 30.1936
Un poète parrain d'une cloche, Joséphin Soulary et le Bugey : 39.1952
La vie et le génie artistique de Michel Ange : 51.1964

CHAPOY Edmond (Avocat)

Salut au Bugey (poésies) : 5.1911
Poésies : 8.1912
Poésies bugistes : 10.1913
L'érudit navigateur J. Hannezo : 17.1923
Poésie : Belley : 18.1924
Hauteville Lompnès : 28.1934
Artemare : 33.1939

CHAPPEL Pierre

La station romaine de Labisco en Petit Bugey (avec A. CHARVET) : 68.1981

CHARBONNET Jean (Chanoine)

Les dames Bernardines de Bons et Belley : 67.1980
Les chanoines de Belley à la Belle Epoque : 68.1981
Construction de l'église d'Arbignieu : 70.1983

CHARVET André

La station romaine de Labisco en Petit Bugey (avec CHAPPEL) : 68.1981
Saint-Franc à l'heure révolutionnaire (avec MULET-MARQUIS) : 69.1982

CHARVET Joseph

Claudel et la fontaine de l'Adoue : 38.1951
Poésies : 38.1951
La chapelle du Christ aux 5 plaies à Champagne-en-Valromey : 40.1953
La nouvelle statue de la fontaine de l'Adoue : 44.1957
Hippolyte Flandrin : 44.1957
L'église de Passin en Valromey : 45.1958
Un peintre un peu bugiste, Adolphe Appian : 48.1961
Un artiste lyonnais en Bugey : Joannès Drevet : 55.1968
Aspects démographiques et socio-économiques au XVIe siècle dans le sud du Petit Bugey : 67.1980

CHAVEYRON Jean

La vie aventureuse de Philippe, Comte de Bresse : 58.1971
La seigneurie d'Apremont en Bugey : 59.1972
Les bâtards de Philippe de Bresse : 60.1973
Le Saint Suaire a-t-il été à Billiat ? : 61.1974
Le Saint Suaire à Billiat : 62.1975
La sirerie de Thoire Villars, une énigme matrimoniale : 63.1976

CHETAIL Joannès

Un confesseur de la foi, Jean Louis Ferré : 35.1948
Notice sur le prieuré de Saint Béron : 36.1949
Notice sur le prieuré bénédictin de Saint Genix en Petit Bugey : 37.1950 - 38.1951
Les archives de Turin remises à la France (en 1950-51) : 40.1953
Une tentative de démembrement du diocèse de Belley en 1763-64 : 41.1954
Les conséquences pour le clergé du Petit Bugey de la peste de Marseille (1720-21) : 42.1955
Le temporel savoyard de l'évêché de Belley pendant une vacance du siège : 42.1955
Le Pont de Seyssel au XVIIIe siècle : 46.1959
Les digues du Rhône entre le confluent du Fier et celui du Guiers : 46.1959
Le pont de Sault Brénaz au XVIIIe siècle : 47.1960
Nouvelle route de Belley à Pierre Châtel au XVIIIe siècle : 47.1960
La succession de Mgr du Dousset : 48.1961
Un évêque de Belley abbé en Poitou au XVIIIe siècle : 49.1962
L'effervescence à la frontière sabaudo-bugiste (1790-92) : 49.1962
La digue de Landaize sur le Rhône en 1758 : 50.1963
Une commanderie de l'ordre de Malte au XVIIIe siècle, celle de Chambéry : 50.1963
Deux prêtres de l'ancien diocèse de Belley : 52.1965
La commanderie des Feuillets au XVIIIe siècle : 53.1966
Seyssel et le pays de Gex en 1820 : 53.1966
Une demande en mariage en 1864 : 53.1966
Le prieuré de Corbelin : 54.1967
L'apanage bugiste des Savoie-Nemours : 54.1967
La dîme sur le vin en Bugey : 55.1968
La chapelle de N.-D. des Sept Douleurs à Domessin : 56.1969
Commanderie d'Entresaix d'Yenne : 57.1970
Les curés du Bugey au XVIIIe siècle : 58.1971
Les deux évêques de Conzié : 59.1972
Les malheurs du marquis de Conzié : 60.1973
L'évêque de Belley au Concile d'Embrun (1727) : 61.1974
Organisation d'établissements industriels en Bugey à la fin de l'ancien régime : 63.1976
Une paroisse de la Michaille au XVIIIe siècle : Ochiaz : 65.1978
A propos d'une nouvelle route de Belley au Rhône (1764) : 65.1978
Le prêt à intérêt en Bresse, Bugey, Valromey, Gex, après 1601 : 64.1977
Le chanoine Bazin et le prieuré de Saint Béron : 64.1977

Un domaine bugiste de l'ordre de Malte : le Lavoir : 66.1979
Les églises d'Arbignieu et de Peyzieu au XVIIIe siècle : 66.1979
Propos sur le collège de Belley au XVIIIe siècle : 67.1980
Les fêtes religieuses dans le diocèse de Belley au XVIIIe siècle : 67.1980
Différent entre l'ordre de Malte et les syndics du Bugey (XVIIIe siècle) : 68.1981
Affranchissement de Treize par les Chartreux de Pierre Châtel : 69.1982
Rentes féodales de Pierre Châtel en 1774 : 70.1983

CHEVALLIER Louis (Abbé)

Inventaire des archives Genin : 4.1910
Impôts du clergé en Bugey avant la Révolution : 10.1913

CHEVALLIER R. (Professeur)

Nouvelles inscriptions funéraires à Anglefort (avec DUFOURNET) : 68.1981

Dom CLAIR Romain (Bénédictin)

Une grange d'Hautecombe : Lavours : 64.1977
Hautecombe : Tour du Phare - Chapelle Saint André : 70.1983

CLOCHER J.R.

Le vêtement traditionnel dans la région de Yenne : 68.1981

COHAS J. (Abbé)

Chazey-Bons, Cressieu, Rothonod : 17.1923 - 18.1924
Enlèvement des cloches de Cressieu, de Bons et de Chazey : 28.1934

COLOMBET Albert

La documentation de Courtépée sur : Bresse, Bugey, Valromey : 63.1976

COMBIER Jean

Nouvelles fouilles préhistoriques dans l'Ain : 51.1964

CORCELLE Joseph

Les émigrants du Bugey : 7.1912
Promenade du « Bugey » à Bourg : 10.1913
Autour de la Révolution à Belley : 11.1914

CORGIE LAVALLEE René

CORNATON Armand (Abbé)

COSTA DE BEAUREGARD T.

DALLEMAGNE Albert (Baron)

DALLEMAGNE André (Baron)

DEPERY (Monseigneur)

Le couvent des Cordeliers à Belley : 27.1933

DESBROSSE René (Chercheur C.N.R.S.)

Chronique des fouilles préhistoriques en Bugey en 1965 et 1966 : 53.1966
Les sagaies magdaléniennes de la Croze (Ain) : 53.1966
La grotte des Romains sous Pierre Châtel : fouilles anciennes (avec BONNAMOUR) : 53.1966
Fouilles préhistoriques dans l'Ain en 1967 : 54.1967
Fouilles préhistoriques en Bugey en 1968 et 1969 : 56.1969
Chronique archéologique 1970-1971 : 58.1971
Préhistoire dans l'Ain et le Bugey (1972-1974) : 61.1974
La préhistoire dans l'Ain : 63.1976
Chronique archéologique 1975-1979 : 66.1979
Lettres du chanoine Tournier à l'abbé Breuil : 68.1981

DOMINJON Blanche (Avocate)

Oyonnax : 30.1936
Delilia de Croze, député de Nantua à la Constituante : 68.1981

DOMINJON Louis (Avocat)

Requiescat - Chasse à courre - Soir d'éclipse - A mon Boudha, etc... (Poésies) : 34.1947

DOMINJON Noël (Avocat)

Incident d'audience au Baillage de Belley : 16.1922

DOMINJON Pierre (Avocat)

Fragments de géologie bugiste : 48.1961
Les ammonites du Bugey : 51.1964
Homéoplanulites du Bugey : 56.1969
Aperçu sur l'histoire géologique du bassin de Belley : 63.1976
L'avocat belleysan à la Belle Epoque : 69.1982
L'immigration italienne en Bugey vers 1930 : 69.1982
Variations sur le lac de Nantua - (I) La pêche de 1445 à 1789 : 70.1983

DREVET J.

Yvonne Récamier : 39.1952
Graveurs et gravure : 40.1953

DUBIEZ Anthelme (Professeur)

Découvertes géologiques et archéologiques au clos de l'Evêché de Belley (avec le Chanoine Tournier) : 26.1932
Trésor des monnaies romaines de Sandrans : 27.1933
Cimetière gallo-romain à Murs : 27.1933
Découvertes archéologiques : 28.1934
Trouvaille de deux haches en bronze : 29.1935
Quelques inscriptions modernes : 29.1935
Documents sur la terre de Rossillon : 29.1935
Crucifixion ancienne et Piédestal de Croix : 30.1936
Notes sur Virignin, Brens, Billieu : 31.1937
Note sur l'Autel de Mithra à Saint-Blaise : 32.1938
Note sur l'Anglefort gallo-romain : 32.1938
Trois découvertes archéologiques dans les environs de Belley : 33.1939
Esquisse historique sur le château d'Andert et ses propriétaires successifs : 34.1947
Cybèle et son culte à Belley : 35.1948
Promenade archéologique à Ceyzérieu : 35.1948
Esquisse historique sur les relations entre le Petit Bugey et le Bas-Bugey à travers les âges : 36.1949
Monographie de Billieu : 37.1950 - 38.1951

DUBOIS E.

Echallon pendant la Révolution : 3.1910
Monographie de Bélignat : 6.1911 - 7.1912 - 8.1912
Les mémoires de C.A. Bellod : 31.1937 - 32.1938

Dom DUBOIS Jacques (Bénédictin)

Saint Domitien, fondateur de l'abbaye de Saint-Rambert : légende et histoire : 48.1961
Moines et monastères du Bugey : 49.1962
La lutte contre les incendies autrefois sur le plateau d'Hauteville : 56.1969
Le cellier de Machuraz : 62.1975

DUFOUR Jacques

La maison forte de Peyrieu : 55.1968

DUFOURNET Antoine (Architecte)

Journal d'un grognard de la Révolution et de l'Empire : 45.1958 - 46.1959 - 47.1960
L'abri sous sac à Craz en Michaille (avec VILAIN) : 57.1970

Découvertes archéologiques à Arbignieu (avec CORNATON) : 60.1973
L'emprise romaine sur la rive droite du Rhône de Corbonod à Culoz : 63.1976
Nouvelles inscriptions funéraires à Anglefort (avec CHEVALLIER) : 68.1981
Vestiges romains à Bellegarde-sur-Valserine : 70.1983

Dom DUMAS Antoine

Frédéric Genevrey : 44.1957

DYVRANDE Brigitte

La zone témoin du Bas-Bugey : 70.1983

ECUVILLON Charles (Chanoine)

Reddition sur ordre de Fort-l'Ecluse en 1940 : 70.1983

EYRAUD Jules (Docteur)

Le docteur J.C.A. Récamier : 10.1913

FALCON Emile

Poésies bugistes : 11.1914

FAURE M.

Gravures osseuses de la grotte des Hôteaux (avec R. VILAIN) : 66.1979

FAVRE Adrien

Les cahiers de doléances du Bugey et de la Dombes : 54.1967
La situation économique de Nantua en 1811 : 54.1967
Fin tragique du seigneur de Saint-Denis (1777) : 58.1971
La bataille de Ricoty (Folklore) : 58.1971
L'abbaye de Saint-Sulpice : 60.1973

FOURIER Charles (Sociologue)

Note remise à l'Académie de Belley, le 28 mai 1820, sur l'une des entraves à surmonter : 43.1956

GARCIN E. (Chanoine)

Le cloître d'Ambronay : 22.1928
L'Eglise abbatiale d'Ambronay : 24.1930

GAUDET et DEMERLOZ

Mémoire présenté à l'Assemblée du Conseil des Trois Ordres du Bugey, tenue à Belley le 10 février 1789 : 34.1947

GENIQUET Joseph (Journaliste)

La vierge du Mail : 58.1971

GERMAIN A.

L'Autel gallo-romain du musée de Bourg : 19.1925

GIGUET

Poésies : 12.1914

GIRARD François (Abbé)

Epitaphe Burgonde à Yenne : 57.1970

GIRAUD Jean

L'Eglise Saint-Laurent d'Etables : 43.1956
L'Eglise de l'Hôpital de Dorches : 54.1967

GIRERD Louis

Herborisation dans la cluse des Hôpitaux : 52.1965
A propos de la flore du plateau de Retord : 61.1974

GODET Romain

De la traduction de l'ode IV du livre I : *Ad Sestium,* d'Horace : 43.1956

GOJAT Georges

Le Bugey mé- et reconnu : 55.1968
Théodore Chaventon, chantre du pays bugiste : 59.1972
Vieux noëls bugistes en patois : 62.1975

GONIN Lucienne (Institutrice)

Cendre d'ombres : 68.1981

GOUJON Albert

Historique du château de Beauretour : 35.1948
Communication relative à l'histoire de la chartreuse Forteresse de Pierre-Châtel : 36.1949

Les voies romaines dans le Bugey : 37.1950
La route Paris-Rome et les percées alpines : 38.1951
Pétition des habitants de Vongnes à Napoléon III : 38.1951
Le traité de Lyon de 1601 : 39.1952
Cérémonies du Bicentenaire de Brillat Savarin à Belley : 42.1955
Melchior Mayot, colonel d'Empire : 42.1955

GRANGE Albert

La nécropole gallo-romaine de Briord (avec PARRIAT et PERRAUD) : 50.1963
Découverte d'une basilique paléo-chrétienne à Briord (avec PARRIAT et PERRAUD) : 52.1965

GREFFE Anthelme

Chansons patoises : 58.1971

GREMMEL Louis

Le premier sous-préfet de Belley : Antide Rubat (avec H. QUAIS) : 69.1982

GUILLON Henriette

Saint-Maurice de Rotherens : 49.1962 - 50.1963

GUILLOT Denis (Magistrat)

Le Président Antoine Favre (XVIe siècle) : 36.1949

HANNEZO Jules

La question d'Epaona — Yenne ? : 9.1913
Chézery (son Abbaye et sa vallée) : 14.1920 - 15.1921
Une déesse de l'Albarine : 15.1921

JALABERT Dominique

Janus de Bouvens, Antoine Fabry, Guy de Grolée : 64.1977
Le lieutenant Pierre de Lons : 65.1978
Notes sur la famille Rollet : 66.1979

JASSERON Louis

Quelques argots de travailleurs itinérants, des Alpes et du Jura : 51.1964

JOLY L. (Abbé)

Prieuré et paroisse d'Ordonnaz : 3.1910 - 4.1910 - 5.1911 - 6.1911
Monographie de Villebois : 10.1913
Briord : 21.1927
La Chartreuse d'Arvières : 23.1929 - 24.1930 - 25.1931 - 26.1932
Saint-Etienne de Châtillon : 27.1933
Un prêtre prisonnier à Pierre-Châtel (1809) : 28.1934 - 29.1935
Charles Solland, curé de Saint-Blaise (Révolution) : 31.1937

JOLY Marcel

Le Château de Loyettes : le procès-verbal de sa destruction : 36.1949

JOSSERAND L.

La ferme bressane et ses habitants au début du XXe siècle : 63.1976

JUILLARD André

Découverte de 3 tombes à Géligneux (avec LAGIER-BRUNO) : 64.1977

JUILLERON Marcel (Abbé)

Le vitrail au Moyen Age et à Ambronay : 29.1935
Brillat Savarin en Amérique : 31.1937
Lamartine et le « lépreux de la cité d'Aoste » au Colombier : 33.1939
Bilan intellectuel du « Bugey » (1909-1939) : 34.1947
La restauration du monument de Brillat Savarin : 36.1949
Un collège ignoré à Lagnieu en l'An XIII (avec André DALLEMAGNE) : 39.1952
Une croix de 1504 à Saint-Germain-les-Paroisses : 41.1954
A propos de la biographie de Brillat Savarin : 42.1955
Pierre-Châtel, prison sous le Premier Empire : 44.1957 - 45.1958 - 46.1959 - 47.1960 - 48.1961 - 57.1970 - 58.1971
Bibliographies archéologique et autre : A. Chagny, Notre-Dame d'Ambronay : 44.1957
Un contrat d'apprentissage de cordonnier à Belley et Virignin en 1711 : 45.1958
Une inscription au Grand Séminaire de Belley : 45.1958
Un musée gallo-romain à Briord : 47.1960
Le point sur la Gaule à propos de la moissonneuse gauloise : 48.1961
La musique à Belley : 51.1964

La route Lyon-Genève par Nantua : 51.1964
Les poèmes liminaires de l'histoire de Bresse, de J. Guichenon : 52.1965
Poésies et mystère : 52.1965
La prison de Pierre-Châtel en 1812 : 53.1966 - 1813 : 57.1970 - 1814-1815 : 58.1971
La plainte des religieux au Roi contre J.P. Camus en 1635 : 54.1967
Notes sur les Cordeliers de Belley : 60.1973
Le bois de Rothonne : 61.1974 - 62.1975 - 65.1978
Les citoyens de Belley à la Convention : 61.1974
Quelques trouvailles archéologiques : 63.1976
Le complexe épiscopal de Belley : 63.1976
Les sous-préfets de Belley : 66.1979
Gunnar Ahlborn (patoisan du Valromey) : 66.1979

LA BATIE G.

Légende du Bugey : 4.1910
La guerre Turco-Bulgare (poésie) : 9.1913
Poésies : 13.1919

LAGIER-BRUNO Lucien
(Fonctionnaire Ponts et Chaussées)

Fichier documentaire pour l'étude de la cluse de Pierre-Châtel : 52.1965
Les routes et les anciens ponts sur le Rhône dans la cluse de Pierre-Châtel : 53.1966
La pierre gisante des Fontaines : 54.1967 - 55.1968
L'incendie du Faubourg Pailleray à Yenne (1850) : 55.1968
Le tombeau de Boisson, près de Yenne (avec le Colonel PASQUIER) : 55.1968
Le géant des chênes de la Balme : 56.1969
Site gallo-romain de la combe de Pépet : 57.1970
Le site archéologique de « Le Villard » : 58.1971
Le tunnel du Mont Cenis : 58.1971
Les fouilles archéologiques du Col du Chat (1935-1936) (avec PERNON) : 59.1972
Deux cachettes monétaires : 59.1972
Pierres à cupules de Yenne-Belley : 60.1973
Le temple de Landrecin — Yenne : 60.1973
Découvertes archéologiques dans le Petit-Bugey Savoyard de 1960 à 1974 : 61.1974
Découvertes archéologiques éparses dans le Petit-Bugey Savoyard en 1975 : 62.1975
La croix pendentif du temple de Landrecin-Yenne : 62.1975

Les pierres à cupules : 63.1976
Les fouilles d'Etain et de Saint-Romain : 64.1977
Découverte de trois tombes à Gélignieux (avec PERNON et JUILLARD) : 64.1977
Une fête sur la terre de la Balme, Pierre-Châtel (avec PUTZ) : 64.1977
La déesse Epona de Vieu-en-Valromey et le concile de 517 : 65.1978
Cinq découvertes archéologiques : 66.1979
Charles Dullin et son terroir (avec J.-Ch. SIMON) : 66.1979
Le parc à moutons et la cabane de berger de Santourin : 67.1980
Clos et couvent des capucins à Yenne : 68.1981
Le mercure gaulois du col du Chat : 68.1981
Histoire des communes du canton d'Yenne : 69.1982

LAMBERT Edmond (Abbé)

Le lac de Barterand (avec BALVAY) : 58.1971

LAMOUILLE Georges (Général)

Le cataclysme de Montailloux : 57.1970
Ejay et Moiret, écarts montagneux (I) : 70.1983

LAVOILLE G. (Professeur)

La révolution de 1848 — ses échos à Belley : 35.1948

LAY (Abbé)

Le grand orgue de la cathédrale de Belley : 51.1964

LEM Jean (Sous-Préfet)

Un bourgeois à Ceyzérieu au XIXᵉ s. : Louis Chaley : 43.1956
Honoré d'Urfé à Senoy : 44.1957
Un Bugiste en voyage : 45.1958
La jeunesse d'Amélie Cyvoct : 47.1960
La carrière de magistrat de Louis Chaley : 49.1962

LEMAITRE Claude

La céramique sigillée de Pérignat à Izernore : 52.1965

LENORMANT Charles (Docteur)

Madame Récamier en Bugey : 17.1923

LEPAULE Emile

A propos d'une déesse de l'Albarine : 16.1922
L'autel antique de Lhuis : 28.1934
Mélanges d'épigraphie et de gastronomie : 31.1937
Sur Sidoine Apollinaire : 32.1938
Aperçu sur les noms des habitants de Belley vers le milieu du XVIIIe siècle : 33.1939
Le romantisme en Bugey : 35.1948

LETANCHE J.

Le Petit-Bugey et sa noblesse : 1.1909
Un duel historique à Briord : 2.1909
Le vin des Altesses : 4.1910
Coup d'Etat savoyard au XVe siècle : 6.1911

LE TESSIER (Docteur)

La lèpre dans l'Ain au Moyen Age : 26.1932

LHERITIER-BARRIERE Cécile (Historienne)

Le mode de vie des notables de Belley au siècle des lumières : 69.1982

LOURDEL Lucien (Industriel)

Légendes du Bugey (avec CHAGNY) : 3.1910
Légende de l'Abbaye de Saint-Sulpice : 5.1911
Poésie bugiste : 10.1913

MACHET A.

Chiffons et papiers à la fin de l'Ancien Régime : 63.1976

MARET Stéphane

Un épisode de guerre à Dortan : 7.1912
Le concile d'Epaona (Yenne) en 517 : 8.1912
L'anneau de saint Maurice : 9.1913
Ban de la noblesse en Bugey en 1674 : 10.1913
Documents : Traité de Turin du 24 mars 1760, rectificatif des frontières du Bugey : 2.1909

MARTIN Jean-Claude

Paul Claudel et le Bugey : 56.1969

MARTIN BASSE

Prémeyzel en Bugey : 49.1962

MAUPETIT (Baron)

La famille des Bolomier à Poncin : 2.1909

MAY Jacques (Greffier en chef)

Un demi-siècle d'histoire du « Bugey » : 50.1963
Marc Perret, Bâtisseur et Maire de Belley : 51.1964
Inventaire archéologique : 55.1968
Monuments historiques du Bugey : 55.1968
Belley, visite historique de la ville : 56.1969
Ordre des avocats de Belley de 1789 à 1972 : 59.1972
Monuments historiques : 60.1973

MEHIER Louis (Professeur)

Toponymes de Lhuis : 69.1982

MEUNIER Stanislas

Du rôle de la vie dans l'évolution de la surface terrestre : 2.1909

MITARD P.H.

Les monnaies de la villa gallo-romaine de Pérignat à Izernore : 52.1965

MOLLIE (Abbé)

La statue de Notre-Dame sur le Rhône à Seyssel : 46.1959

MONTANT Ernest (Colonel)

Réception le 20 mai 1666 de Mgr de Bellin, évêque de Belley : 46.1959
Traité des messageries entre Dijon et Belley : 46.1959
Une émancipation à Belley en 1744 : 46.1959

DE MONTFALCON Louis

Charte de fondation de l'église de Flaxieu : 54.1967
Aymon de Montfalcon, prélat de la Renaissance : 55.1968 - 56.1969 - 57.1970

MULET MARQUIS Paul

Saint-Franc à l'heure révolutionnaire (avec A. CHARVET) : 69.1982

NAILLOD Arthur (Abbé)

Pénitence publique de Pierre de la Balme : 9.1913
Saint-Martin du Mont : 27.1933
Un procès : danses et banvin : 28.1934
La balle du colporteur : 28.1934

NIVIERE Pierre Charles

Un bugiste maire de Lyon : Antoine Nivière-Chol : 60.1973
Prêtres bugistes pendant la Révolution : 61.1974
Autour de la montagne de Crapéou : 64.1977
Altercation à l'épée à Belley en 1634 : 66.1979
Les Migieu d'Izelet : 66.1979

NOEL A. (Abbé)

Les fouilles de Blyes (avec l'abbé VOLUZAN) : 11.1914

R.P. O'REILLY

Le couvent des capucins à Belley : 27.1933

PACHE Lucien (Abbé)

Le Pays Yennois : 47.1960 - 48.1961

PAILHES Gabriel

Briord la Belle : 47.1960

PARRIAT Henri

La nécropole gallo-romaine et barbare de Briord (avec GRANGE et PERRAUD) : 50.1963
Découverte d'une basilique paléochrétienne à Briord (avec GRANGE et PERRAUD) : 52.1965

PASQUIER (Colonel)

Le tombeau de Boisson, près de Yenne (avec LAGIER-BRUNO) : 55.1968

PAUL-DUBREUIL Jacques (Abbé)

Un concile à Belley en 1145 : 63.1976

PERCEVEAUX Paul

PERNOLLET Etienne

PERNON Jacques

PEROUSE Gabriel

Vie et mœurs en Bugey au XVIe siècle : 9.1913 - 10.1913 - 11.1914 - 12.1914

PERRAUD Roger

La nécropole gallo-romaine et barbare de Briord (avec GRANGE et PARRIAT) : 50.1963
Découverte d'une basilique paléochrétienne à Briord (avec GRANGE et PARRIAT) : 52.1965
Catalogue du musée de Briord : 59.1972

PERREAU J. (Commandant)

L'invasion dans l'Ain en 1814 : 5.1911

PERRIN (Abbé)

Gabriel de Moyria (1770-1838) : 28.1934
Les poètes de l'Albarine : 29.1935 - 30.1936

PERRIN Joseph

Béon à travers des souvenirs d'enfance : 51.1964
La « Sainte Demoiselle » de Lavours, Louise Cottin (1827-1847) : 51.1964
Le testament de François de Macognin en 1673 : 53.1966
De l'Institut Pasteur à Ceyzérieu : « L'Oncle Roux » : 54.1967
Un inventaire à La Pierre (Ceyzérieu) : 54.1967
Souvenirs du Dr Manjot sur ses ancêtres : 60.1973

PERROUD Marc (Abbé)

Origines du diocèse de Belley : 21.1927
Limites de l'ancien diocèse de Belley : 23.1929
Notes sur les Evêques de Belley : 24.1930

PHILIPPE Rémy (Abbé)

Echos du siège de Pierre-Châtel en 1814 : 49.1962

PIC René

Chroniques d'Art et d'Archéologie : Ambronay - Izernore : 1.1909
Des Etats de la Province en Bugey : 2.1909
Promenade en Bugey : 3.1910
L'Hôtel des Etats en Bugey : 3.1910

Journal d'un prisonnier à Pierre-Châtel : 7.1912
Anciennes assemblées provinciales en Bugey : 8.1912
Siège et Bataille de Varey : 9.1913
Origines de l'Histoire du Bugey : 12.1914
Un autel du musée lapidaire de Belley : 13.1919
Note sur une médaille Isiaque : 14.1920
Les Etats de Savoie : 19.1925
Rossillon et son château : 20.1926

PITTION ROSSILLON Louis

Poésies : 13.1919

PONCET Emile (Abbé)

La Congrégation de Saint-Maur de l'Ordre de Saint-Benoît : 70.1983

POULAILLON Joannès

Litige entre Chapitre et Syndics de Belley (1745) : 33.1939

POULAT Emile

Le séjour de Fourier en Bugey (1816-1821) : 43.1956
Note sur un beau-frère de Fourier : le sous-préfet Rubat : 45.1958

PUTZ Henri

L'incendie du Faubourg Pailleray à Yenne : 55.1968
Un gué difficile : 59.1972
Yenne, un canton rural : 60.1973
Lucey, sous la restauration sarde (1818-1860) : 61.1974
Une visite royale dans le Petit Bugey (1775) : 62.1975
Une fête sur la terre de la Balme, Pierre-Châtel : 64.1977

QUAIS Georges (Général)

Le siège de Pierre-Châtel en 1814 : 11.1914
Le siège de Pierre-Châtel en 1815 : 20.1926

QUAIS Henri (Colonel)

Vie de garnison à Belley à la Belle Epoque : 69.1982
Le premier Sous-Préfet de Belley : Henri Rubat (avec GREMMEL) : 69.1982

REYMOND Maxime

Claude d'Estavayer, évêque de Belley : 10.1913

RICHARD A. (Abbé)

Les lacs de Nantua et de Sylans : 1.1909
Un saint ami des abeilles (saint François de Sales) : 45.1958

RICHARD H.

Le rituel de Belley de Mgr DEVIE et le droit canonique : 63.1976

RICHARD-CALLET Marcelle

Quelques fleurs du Bugey : 35.1948

RIVOLLIER Michel

Sociologie politique du département de l'Ain sous la Ve République : 63.1976

ROBERT Gaston (Colonel)

En Bugey, il y a 130 ans : 54.1967
Un village pittoresque : Talissieu : 56.1969
La contrebande en Bugey : 58.1971
Ameyzieu-Moulin et Marlieu au temps jadis : 59.1972
En Bugey, il y a 138 ans : 60.1973
Les voies de communications en 1835 : 62.1975
Les Prieurs de Pierre-Châtel : 65.1978
Scènes de la période révolutionnaire en Valromey : 65.1978
Une grande famille bugiste : les d'Angeville : 64.1977
Pierre-Châtel et l'Ordre du Collier : 66.1979
La maison de J. de Maistre à Talissieu : 68.1981

ROUGIER J.

Les Allobroges de la rive droite du Rhône : 63.1976

SAGE Pierre

Jean-Pierre Camus, évêque de Belley : 39.1952

SAINT AUBIN (Docteur)

Un ancien médecin du Bugey (Jacques Gonnet) : 12.1914

SAINTE MARIE PERRIN (Architecte)

Antiquités de Vieu : 5.1911

SAINT OLIVE Pierre

Le merveilleux au XVe siècle en Petit-Bugey : procès de sorcellerie : 6.1911
Commerce en Bugey au XIVe siècle : 7.1912
La grande mortalité en Bugey : 9.1913
Ch. de Lucinge et le Bugey : 11.1914 - 12.1914

SAINT-PIERRE Jean (Avocat)

Le médecin général Louis Hote Bridon (nécrologie) : 51.1964

SAINT-PIERRE J.

Groslée - vision (poésie) : 21.1927

SCHWAB Raymond (Fonctionnaire)

Gertrude Stein à Belley (1940-1945) : 34.1947

SECRET Bernard (Chanoine)

Le caractère savoyard d'après les grands écrivains de chez nous : 37.1950
Les paroisses du Petit-Bugey : 40.1953
Les paroisses du Petit-Bugey : Meyrieux et Verthemex : 41.1954
Les paroisses du Petit-Bugey : Marcieux-le-Franc : 43.1956
Un testament au XVIIIe siècle : 43.1956
Yenne est-elle l'ancienne Epaona ? : 44.1957
Saint François de Sales et les hôteliers : 54.1967
Yenne d'après le cadastre de 1830 : 54.1967

SERPOLLET Henri

Lettres à sa famille (I. Occupation en Italie, 1869-1870) : 70-1983

DE SEYSSEL-CRESSIEU Marc (Comte)

Esquisse historique du Bugey : 1.1909 - 2.1909 - 3.1910 - 4.1910 - 5.1911 - 7.1912 - 10.1913 - 14.1919 - 15.1921 - 16.1922 - 17.1923
J.B. Royer, évêque constitutionnel de l'Ain et métropolitain de Paris : 6.1911
Le Belley de nos pères : 8.1912 - 9.1913
Cl. Chastillon, topographe bugiste (1547-1616) : 11.1914
Légende bugiste : 14.1920
Les très riches heures du Duc de Berry : 15.1921
Othon de Granson : 18.1924

DE SEYSSEL Pierre (Vicomte)

Médaillier d'Anglefort : 4.1910

DE SEYSSEL-SOTHONOD Marc

Aymard de Seyssel : 60.1973
Curieuse histoire de Charles de Seyssel : 64.1977
Arvières et le Valromey : 67.1980

DE SEYSSEL-SOTHONOD Xavier

Monographie historique d'Anglefort : 19.1925 - 20.1926 - 21.1927 - 23.1929
Arlod : 21.1927
La Seigneurie de Sothonod : 24.1930 - 25.1931 - 26.1932

SIMON Jean-Charles

Charles Dullin et son terroir (avec LAGIER-BRUNO) : 66.1979

SOLEILHAC André

Sépultures de Chazey-Bons : 53.1966

SOUMILLE Charles

Mademoiselle Yvonne Récamier : 37.1950

STEIN R. (Chercheur Canadien)

Léger-Félicité Sonthonax, d'Oyonnax (XVIIIe s.) : 69.1982

TISSOT

Poésies : 12.1914
Poésies : 13.1919

TOURNIER J. (Chanoine)

Les premiers habitants du Bugey : 1.1909 - 3.1910
Découvertes à Chézery : 5.1911
Saint-Rambert aux XVIIe et XVIIIe siècles : 8.1912 - 11.1914 - 12.1914 - 13.1919
La catastrophe des granges de Montagnieu : 13.1919
Le collège de Saint-Rambert : 14.1920 - 15.1921
La grotte des Hoteaux : 17.1923 - 18.1924
Le culte des pierres dans la région de Belley : 17.1923
Les sépultures de Chazey-Bons : 19.1925

Thomas Riboud, géologue : 19.1925
L'Oliphant de Portes : 19.1925
Deux stations préhistoriques du Jura occidental de l'Ain dans la vallée du Suran (avec Costa de Beauregard) : 20.1926
Archéologie : 21.1927
L'âge du bronze chez nous : 22.1928
Autel de Camulia Attica - cachette énéolithique à Poncin : 23.1929
Bibliographie géologique de l'Ain : 24.1930
La grotte de la Sauge : 26.1932
Découvertes géologiques et archéologiques au clos de l'évêché de Belley (avec A. DUBIEZ) : 26.1932
La chartreuse forteresse de Pierre-Châtel : 27.1933
Dent d' « Elephas antiquus » : 27.1933
Fouilles de la rive gauche du Rhône entre la Balme et Yenne : 28.1934
Autel votif de la mère des dieux : 29.1935

TRENARD Louis

Structure agraire en Bas-Bugey : 36.1949
Les eaux dans le Bas-Bugey : 37.1950
Agitation universitaire sous Louis-Philippe : Quinet et Lenormant : 41.1954
L'empreinte bugiste sur Lamartine : 59.1972
Quelques paroisses bugistes d'après l'enquête Bouchu (1666) : 63.1976
Le VIIIe centenaire de saint Anthelme : 65.1978

VANBRUGGHE Raymond

Céramique ionienne à Pierre-Châtel : 49.1962
Aperçu sur la poterie préhistorique à Pierre-Châtel : 53.1966

VAN DER MEULEN Pierre (Magistrat)

Bocance en Bugey : 39.1952
D'Henry Petiot à Daniel Rops : 52.1965

VAUTREY Emile (Général)

Le Bugey et l'indépendance des Etats-Unis d'Amérique : 69.1982

VERDIEL Jacques (Professeur)

« A un monde mangé par la gloire » (Claudel) : 43.1956

VILAIN Robert (Chercheur C.N.R.S.)

« L'Abri sous sac » à Craz en Michaille : 57.1970
Gravures osseuses de la grotte des Hoteaux (avec FAURE) : 66.1979

VINGTRINIER Emmanuel

Invasions de 1814-1815 dans l'Ain : 8.1912
Le Comte de Faucigny-Lucinge : 16.1922
Notes historiques sur le Haut-Bugey : 19.1925 - 20.1926
Versoix, rivale de Genève : 21.1927
La conspiration de 1790 : 21.1927
Sur les routes du Bugey : 22.1928
Nos districts sous la Révolution : 23.1929
La maison d'autrefois en Bresse et en Bugey : 25.1931

VISTALLI TIRABOSCHI Marie (Immigrée)

L'immigration italienne en Bugey vers 1930 : 69.1982

VITTE E.

La Chartreuse de Portes : 7.1912
Poésies : 12.1914

VOLUZAN J.M. (Abbé)

Les fouilles de Blyes (avec l'abbé NOEL) : 11.1914

WOLKONSKY Hélène

Les Corbeaux (poésie) : 39.1952

Table des articles

Cette table est établie par sujets. Elle comporte quatre parties principales : HISTOIRE - SCIENCES - ART - LITTERATURE.

Au début de chacune de ces parties, le chercheur trouvera un plan.

PREMIERE PARTIE

HISTOIRE

PLAN

Administration et clergé catholique
Les séculiers
Les réguliers
Paroisses et Peuple Chrétien
La Religion et la Révolution Française

HISTOIRE MILITAIRE

Moyen Age
Renaissance à XVIIIe siècle
Révolution et Premier Empire
Temps Modernes

HISTOIRE DES INSTITUTIONS

Ancien Régime
Révolution et Temps Modernes

HISTOIRE GENERALE

Sources pour l'Histoire du Bugey

Sources des Etudes sur le Bugey (DEMENTHON) : 1.1909 - 2.1909 - 4.1910

Origines de l'Histoire du Bugey : Les Chroniqueurs (PIC) : 12.1914

Les Archives de Turin remises à la France (CHETAIL) : 40.1953

La documentation de Courtépée : fin XVIIIe siècle (COLOMBET) : 63.1976

LES LEGENDES BUGISTES *(Voir aussi dans les poésies)*

Contes et Légendes du Bugey (CARROZ) : 57.1970
La cloche du lac de Bar (CHAGNY) : 3.1910
La légende du Sarvan (LOURDEL) : 3.1910
Saint Martin et la Source d'Artemare (LABATIE) : 5.1910
L'anneau du Prieur de Saint-Sulpice (LOURDEL) : 5.1911
La légende des Pierres Grosses (LOURDEL) : 10.1913
La légende d'Arlod (Mme F. BERLIOZ) : 34.1947
La légende des 3 demoiselles d'Oliferne (CHAGNY) : 1.1909
Valromey : Le Pont de la Dangereuse (CHAGNY) : 3.1909
Deux légendes sur l'Albarine (PONCIN) : 30.1936
Un Malin Esprit - Un Esprit Malin (Marc de SEYSSEL) : 14.1920

GENERALITES ET MONOGRAPHIES

GENERALITES :

Le Bugey : Esquisse Historique (Marc de SEYSSEL) :
- Origines - Romains - Burgondes - Seigneuries - Abbayes, Diocèses : 1.1909
- D'Amédée II de Maurienne à Amédée VIII : 2.1909 - 3.1910 - 4.1910
- Amédée VIII Duc de Savoie et Pape : 5.1911 - 10.1913 - 14.1920.
- Successeurs d'Amédée VIII : 15.1921 - 16.1922 - 17.1923

Notes Historiques sur le Haut-Bugey (VINGTRINIER)
- Des Séquanes au Saint Empire Romain : 19.1925
- Des Thoire-Villars à la France : 20.1926

Histoire de Belley (Baron André DALLEMAGNE)
Origine - Aspects - Faubourgs : 22.1928
Rues et Monuments : 23.1929
Institutions religieuses : 24.1930 - 25.1931
Bienfaisance - Administration - Voirie : 26.1932
Eclairage - Eaux - Fours - Commerce - Industrie : 27.1933
Le Belley de nos pères (Marc de SEYSSEL) : 8.1912 - 9.1913
Histoire des relations entre Bas-Bugey et Petit-Bugey (DUBIEZ) : 36.1949
Histoire des communes du canton de Yenne (LAGIER-BRUNO) : 69.1982

MONOGRAPHIES ET PROMENADES

Ici placées parce que les monographies couvrent en général toute l'histoire du pays étudié. Les longs comptes rendus de promenades également.

Ambronay : monographie (DEMENTHON) : 8.1912
Ameyzieu et Marlieu (ROBERT) : 59.1972
Anglefort (SEYSSEL-SOTHONOD) : 19.1925 - 20.1926 - 21.1927 - 23.1929
Arlod : notice historique (SEYSSEL-SOTHONOD) : 21.1927
Artemare : notes sur... (BERTHELON) : 31.1937 - 32.1938
Arvières : Chartreuse (JOLY) : 23.1929 - 24.1930 - 25.1931
Bas-Bugey : promenade (RAQUIN) : 65.1978
Bassy et ses alentours (PERCEVEAUX) : 66.1979
Bellegarde : promenade (DEMENTHON) : 5.1911
Belley : visite historique (MAY) : 56.1969 (voir Histoire de Belley plus haut)
Bellignat : monographie (A. DUBOIS) : 6.1911 - 7.1912 - 8.1912
Billieu : monographie (DUBIEZ) : 31.1937 - 37.1950 - 38.1951
Bourg-en-Bresse : promenade (CORCELLE) : 10.1913
Briord (JOLY) : 20.1926 - 21.1927
Bugey : promenade archéologique (PIC) : 3.1910 - (voir histoire du Bugey plus haut)
Chazey-Bons (COHAS) : 17.1923 - 18.1924
Chazey-sur-Ain : promenade (DEMENTHON) : 7.1912
Chézery (HANNEZO) : 14.1920 - 15.1921
Ejay et Moiret : Jura méridional (LAMOUILLE) : 70.1983
Lagnieu : promenade (DEMENTHON) : 7.1912
Marcieu le Franc en P.B. (SECRET) : 43.1956
Neyrieu en P.B. (SECRET) : 43.1956
Nantua : promenade (DEMENTHON) : 5.1911
Ordonnaz : paroisse et prieuré (JOLY) : 3.1910 - 4.1910 - 5.1911

Histoire générale : Les hommes et les faits

I - LES ORIGINES ET LES ROMAINS

II - LE MOYEN AGE (Ve-XVe SIECLES)

La maison d'Olivier le Daim et le sieur Coitier (CALLET) : 20.1926

La tour et le seigneur de Saint-Denis (FAVRE) : 58.1971

Lac de Nantua (Transaction de 1445) (DOMINJON P.) : 70.1983

Historique du château d'Andert (DUBIEZ) : 34.1947

Villars : fortifications au moyen âge (RATINET) : 23.1929

Notes historiques sur Culoz, VIe et XIVe siècles (JUILLERON) : 41.1954

La seigneurie d'Apremont (CHAVEYRON) : 59.1972

La seigneurie de Montferrand (PERRIN) : 29.1936

La seigneurie des Allymes : XIIe-XVIIIe siècles (An. DALLEMAGNE) : 33.1939

La seigneurie de Rossillon : Xe-XVe siècles (An. DALLEMAGNE) : 28.1934

La « grande mortalité » en Bresse et Bugey (1348-1350) (SAINT-OLIVE) : 9.1913

Le merveilleux au XVe siècle (SAINT-OLIVE) : 6.1911

Humbert III de Thoire-Villars : mariage (CHAVEYRON) : 63.1976

Historique de la chartreuse-forteresse de Pierre-Châtel (GOUJON) : 36.1949

Histoire de la chartreuse-forteresse de Pierre-Châtel (TOURNIER) : 27.1933

Pierre-Châtel et l'Ordre du Collier, XIVe siècle (ROBERT) : 66.1979

Une grande famille bugiste : les D'Angeville, XIIIe-XIXe siècle, (ROBERT) : 64.1977

La famille Péronne Saint Huruge (Al. DALLEMAGNE) : 53.1966

III - DU XVIe AU XVIIIe SIECLE

Un duel historique à Briord : XVIe s. (LETANCHE) : 2.1909

Charles de Lucinge et la révolte de 1557 (SAINT-OLIVE) : 11.1914 - 12.1914

Notes sur la famille Rollet : XVIe-XIXe siècle (JALABERT) : 66.1979

Deux bugistes : Berthelier et Bonivard (XVIe s.) (CALLET) : 19.1925

Les Migieu d'Izelet (pauvres gentilshommes), XVIe-XIXe s. (NIVIERE) : 66.1979

Un inventaire à Lapierre Ceyzérieu : 1742 (PERRIN) : 54.1967

Mandrin « dans le Bugey » : XVIIIe s. (CALLET) : 4.1910

Testament de François de Macognin : XVIIe s. (PERRIN) : 53.1966

Claude Chastillon : topographe du Roy : 1547-1616 (SEYSSEL-CRESSIEU) : 11.1914

Honoré d'Urfé à Senoy Ceyzérieu : XVIe s. (LEM) : 44.1957
Le testament d'Honoré Fabry : 1626 (CALLET) : 9.1913
Altercation à l'épée à Belley en 1634 (NIVIERE) : 66.1979
Saint Rambert en Bugey au XVIIe et XVIIIe s. (TOURNIER) : 13.1919
Commanderie de l'ordre de Malte à Chambéry (CHETAIL) : 50.1963
Commanderie d'Entresaix à Yenne au XVIIIe s. (CHETAIL) : 57.1970
Commanderie des Feuillets au XVIIIe s. (CHETAIL) : 53.1966
Documents sur la terre de Rossillon : XVIIe s. (DUBIEZ) : 29.1935
Fin tragique du Seigneur de St Denis, 1777 (FAVRE) : 58.1971
La fin du château de Nerciat : XVIIIe s. (CORGIE-LAVALLEE) : 25.1931
Saint Martin du Mont : 1600-1789 (NAILLOD : 27.1933
Biographie de Brillat Savarin (JUILLERON) : 42.1955
Souvenirs du Dr Manjot sur ses ancêtres (PERRIN) : 60.1973
Anciennes confréries à Ceyzérieu (CALLET) : 5.1911
Un procès : Danses et Banvins : 1741 (NAILLOD) : 28.1934
Fitignieu au XVIIIe siècle (PERCEVEAUX) : 52.1965
La contrebande en Bugey au XVIIIe s. (ROBERT) : 58.1971
Nouvelle route de Belley au Rhône - 1764 - (CHETAIL) : 65.1978
Ferney en 1775 (CANDAUX) : 48.1961
Versoix, rivale de Genève : XVIIIe siècle (VINGTRINIER) : 21.1927
Le Pont de Seyssel au XVIIIe s. (CHETAIL) : 46.1959

IV - LA REVOLUTION ET L'EMPIRE

(Voir histoire religieuse, histoire militaire et histoire administrative)

Quelques épisodes de la Révolution à Belley (An. DALLEMAGNE) : 35.1948
Autour de la Révolution à Belley (CORCELLE) : 11.1914
La conspiration de 1790 vue de Belley (VINGTRINIER) : 21.1927
Scènes de la période révolutionnaire en Valromey (ROBERT)) : 65.1978
La Révolution de 1789 en Valromey (PERCEVEAUX) : 48.1961
Une révolte au collège de Belley, 1791 (An. DALLEMAGNE) : 20.1926
L'Abbé Peyssonneaux et la Marseillaise (CALLET) : 13.1919
Biographie de Brillat-Savarin (JUILLERON) : 42.1955

Brillat Savarin (CALLET) : 14.1920
Les vacances en Bugey de Brillat Savarin (CALLET) : 13.1919
Brillat Savarin en Amérique (WHITRIDGE - JUILLERON) : 31.1937
Léger Félicité Sonthonnax, d'Oyonnax (STEIN) : 69.1982
La cloche d'Echallon (E. DUBOIS) : 3.1910
Curieux amis des Lamartine : famille de Saint Huruge (Al. DALLEMAGNE) : 53.1966
Nantua économique en 1811 (FAVRE) : 54.1967
Pierre-Châtel, prison sous le Premier Empire (JUILLERON) : 44.1957 - 45.1958 - 46.1959 - 47.1960 - 48.1961
Journal d'un prisonnier à Pierre-Châtel : 1793 (PIC) : 7.1912
Lettre d'un prêtre sur son séjour à Pierre-Châtel : 1809 (JOLY) : 28.1934
Saint-Franc (P.B.) à l'heure révolutionnaire (CHARVET - MULET-MARQUIS) : 68.1982
Louis Chaley - Bourgeois à Ceyzérieu : 1791-1880 (LEM) : 43.1956
Autour de la montagne de Crapéou (NIVIERE) : 64.1977
Jean B. Royer Evêque constitutionnel de l'Ain (SEYSSEL-CRESSIEU) : 6.1911
Les mémoires de C.A. Bellod : 1780-1828 (E. DUBOIS) : 31.1937 - 32.1938
Les malheurs du marquis de Conzié (CHETAIL) : 60.1973
Les émigrants du Bugey : peigneurs de chanvre (CORCELLE) : 7.1912

V - L'EPOQUE MODERNE (XIXe ET XXe SIECLES)

Lucey sous la Restauration Sarde : 1815-1860 (PUTZ) : 61.1974
Le séjour de Fourier en Bugey : 1816-1821 (POULAT) : 43.1956
Seyssel et Pays de Gex en 1820 (CHETAIL) : 53.1966
Crise des subsistances au XIXe siècle (ABBIATECI) : 58.1971
La révolution de 1848 à Belley (LAVOILE) : 35.1948
Jules Charlet opposant au coup d'état de 1851 (PERCEVEAUX) : 41.1954
Tombe de Charlet à Belley : 1851 (R. QUAIS) : 50.1963
Anthelme Collet, escroc aux cent visages (PERCEVEAUX) : 39.1952 - 40.1953
Thiers et les élections de 1879 dans l'Ain (Al. DALLEMAGNE) : 61.1974
Le dîner de la Paix : 1881 (CALLET) : 3.1910
Agitation universitaire sous Louis-Philippe : (Quinet, Lenormant) (TRENARD) : 41.1954
Fitignieu au XIXe siècle (D. et P. PERCEVEAUX) : 54.1967

Le 68 Grande Rue à Belley : premier collège (R. QUAIS) : 53.1966
Une famille bugiste : XVIIIe et XIXe siècles (RAQUIN) : 33.1939
Le drame du Pont d'Andert : XIXe s. (RECAMIER) : 39.1952 - 40.1953
Journal de Charcot et autres curés de Belley (Al. DALLEMAGNE) : 60.1973
En Bugey il y a 138 ans : 1850 (ROBERT) : 60.1973
Un érudit navigateur : Jules Hannezo (CHAPOY) : 17.1923
Amélie Cyvoct et Madame Récamier (LEM) : 47.1960
Une conversion manquée : Madame Béatrix de Cuzieu (Al. DALLEMAGNE) : 48.1961
Béon à travers des souvenirs d'enfance (PERRIN) : 51.1964
Origines bugistes de Farouk Ier, roi d'Egypte (RAQUIN) : 31.1937
Démolition des remparts de Belley (XXX) : 58.1971
Disparition de l'école P.S. de Belley : 1969 (CASTELNEAU) : 56.1969
Inauguration du monument de Brillat Savarin (BONHOMME) : 22.1928
Comte Marc de Seyssel-Cressieu (NAILLOD) : 17.1923
Yvonne Récamier : aquarelliste XIXe-XXe s. (SOUMILLE) : 37.1950 - (DREVET) : 39.1952
Bilan intellectuel de la Société « Le Bugey » (JUILLERON) : 34.1947
Un demi-siècle d'histoire de la Société « Le Bugey » (MAY) : 50.1963

Annexe I : Fléaux et catastrophes

La « grande mortalité » en Bresse et Bugey : 1348 (SAINT-OLIVE) : 9.1913 - 20.1926, p. 589
La lèpre dans l'Ain au Moyen Age (LE TESSIER) : 26.1932
La peste de 1564 à St Rambert en Bugey (RACT) : 67.1980
La peste de 1720-23 en Bugey (An. DALLEMAGNE) : 21.1927
Le château de Loyettes et sa destruction : 1734 (JOLY) : 36.1949
Le péril du feu à Champagne en Valromey (PERCEVEAUX) : 46.1959
La lutte contre les incendies à Hauteville autrefois (Dom DUBOIS) : 56.1969
Un séisme à Belley (22-2-1822) (Al. DALLEMAGNE) : 60.1973, p. 585
Incendie du faubourg Pailleray : Yenne, 1850 (PUTZ, LAGIER-BRUNO) : 55.1968

Le cataclysme de Montailloux Colombier (1888) (LAMOUILLE) : 57. 1970

L'accident du tramway du Valromey, 1923 (PERCEVEAUX) : 65.1978

Catastrophe des granges de Montagnieu : 1919 (TOURNIER) : 13.1919

Les inondations en Bugey au cours des siècles (CALLET) : 3.1910

Inondation à Loyette : 1733 (JOLY) : 36.1949

Annexe II : Textes officiels

(Traités - Règlements - Lettres patentes Pétitions - Franchises - etc.)

La bulle d'or de Charles Quint à St Anthelme : 1175 : 61.1974, p. 777

Lettre de sauvegarde d'Amédée V à Belley : 1290 (An. DALLEMAGNE) : 32.1938

Transaction de 1328 entre Belley et Louis de Savoie sur Rothonnes (JUILLERON) : 62.1975, p. 957

Transaction sur l'apanage bugiste Savoie-Nemours : 1514 (CHETAIL) : 54.1967

Lettre de l'Abbé de Perseigne à Saint Etienne de Portes : 27.1933, p. 376

Charte de Hugues de Coligny à Portes (1200) : 27.1933, p. 364-365

Traité de Lyon : 1601 (GOUJON) : 39.1952, p. 100 - 46.1959, p. 10

Transaction Comte de Groslée-Migieu de Rossillon : 1653 (DUBIEZ) : 29.1935, p. 117

Traité de Messageries Dijon-Belley (MONTANT), XVIIe s. : 46.1959

Le courrier par diligence : Traité de Messageries : XVIIe s. (RACT) : 66.1979

Lettre patente du roi sur le tissage en Bugey (1736) : 34.1947, p. 63

Arrêté sur le tissage en Bourgogne (1755) : 33.1939

Traité de Turin : 24 mars 1760 :
(MARET) : 2.1909
(CHETAIL) : 46.1959, p. 1 et 10 - 50.1963, p. 74 - 65.1978, p. 651

Rapport d'inspecteur des manufactures en Bugey (1767) : 32.1938, p. 624

Mémoire sur la situation économique en Bugey (1783) : 33.1939, p. 100

Règlement sur création de filatures dans le Bas-Bugey (1784) : 34.1947, p. 46-48
Cahier de doléances de la communauté de Vaux-St Sulpice (mars 1789) : 60.1973, p. 534
Pétition de Vongnes à Napoléon III pour pont sur Rhône (GOUJON) : 38.1951
Mémoire des syndics du Tiers-Etat aux Etats Généraux de Belley (1789) : 34.1947, p. 95
Note de Ch. Fourier (1820) à l'Académie de Belley : 43.1956, p. 28

Annexe III : Nécrologies

Chanoine DEMENTHON : 13.1919
CORCELLE Joseph : 15.1921
COMTE MARC DE SEYSSEL-CRESSIEU : 16.1922
CALLET Albert : 19.1925
MEUNIER Stanislas : 19.1925
PIC René : 21.1927
CHADUC Louis : 21.1927
GARCIN (Chanoine) : 23.1929
LOURDEL Lucien : 30.1936
BRILLAT-SAVARIN Joseph : 30.1936
BLANCHET Alfred : 30.1936
Mgr TOURNIER : 33.1939
RECAMIER Yvonne : 37.1950
BARON DALLEMAGNE André : 47.1960
Général Hote BRIDON : 51.1964
DEQUATRE Antoine : 61.1974
Abbé Armand CORNATON : 67.1980
Abbé Marcel JUILLERON : 69.1982
SAINT PIERRE Jean : 70.1983

HISTOIRE RELIGIEUSE

A) LE PAGANISME

Note sur un ex-voto à une déesse de l'Albarine (HANNEZO) : 15.1921
A propos du même ex-voto (LEPAULE) : 16.1922
Autel votif de la mère des dieux (TOURNIER) : 29.1935
Cybèle et son culte à Belley (DUBIEZ) : 35.1948

B) LE CHRISTIANISME

I - LES CONCILES

Le concile d'Epaona en 517 (MARET) : 8.1912
Le concile d'Epaona à Yenne ? (HANNEZO) : 9.1913
Le concile de Belley en 1145 (PAUL-DUBREUIL) : 63.1976
L'Evêque de Belley au concile d'Embrun : 1727 (CHETAIL) : 61.1974

II - ADMINISTRATION ET CLERGE CATHOLIQUE

1° LES SECULIERS

Les origines du Diocèse de Belley (PERROUD) : 21.1927
Le complexe épiscopal de Belley (JUILLERON) : 63.1976
Tentative de démembrement du diocèse de Belley (CHETAIL) : 41.1954
Reconstruction du Palais Episcopal de Belley (CALLET) : 11.1914
Restauration du diocèse de Belley : 1822 (DEMENTHON) : 12.1914
Claude d'Estavayer, évêque de Belley : XVIe siècle (REYMOND) : 10.1913
Jean Pierre Camus, Evêque de Belley : XVIIe siècle (SAGE) : 39.1952
Venue à Belley de NN. SS. du Doucet et Montillet (BRUYERE) : 33.1939
Mgr du Dousset au concile d'Embrun : 1727 (CHETAIL) : 61.1974
Succession de Mgr du Dousset (CHETAIL) : 48.1961
Evêque de Belley. Prieur en Poitou : Mgr du Dousset (CHETAIL) : 49.1962

Réception de Mgr de Belin à Belley : 1666 (MONTANT) : 46.1959
Notes sur trois évêques de Belley (PERROUD) : 24.1930
Le Temporel Savoyard de l'Evêché de Belley (CHETAIL) : 42.1955
Le rituel de Belley de Mgr Devie : XIXe s. (RICHARD : 63.1976
Limites de l'ancien diocèse de Belley (PERROUD) : 23.1929
Les Impôts du clergé en Bugey avant la Révolution (CHETAIL) : 10.1913 - (An. DALLEMAGNE) : 34.1947, p. 102
Le Chapitre de Belley sous l'Ancien Régime (And. DALLEMAGNE) : 30.1936
Litige entre Chapitre et Syndic de Belley (POULAILLON) : 33.1939
Les Curés du Bugey au XVIIIe siècle (CHETAIL) : 58.1971
Saint-Etienne de Chatillon : Prieur évêque (JOLY) : 27.1933
Aymon de Montfalcon, prélat de la Renaissance (DE MONTFALCON) : 55.1968 - 56.1969 - 57.1970
Le VIIIe centenaire de Saint Anthelme (TRENARD) : 65.1978
Mgr Plantier, Evêque de Nîmes : XIXe s. (PERNOLLET) : 47.1960
Un saint, ami des Abeilles : François de Sales : XVIIe siècle (RICHARD) : 45.1958
St François de Sales et les Hôteliers (SECRET) : 54.1967
Les deux évêques « de Conzié » (CHETAIL) : 59.1972
Le Cardinal Sevin (ALLOING) : 22.1928
Le Chanoine Bazin et le prieuré de St-Béron (CHETAIL) : 64.1977
Un bugiste faiseur d'antipape : XIVe s. (Albert DALLEMAGNE) : 68.1981

2° *LES REGULIERS*

Moines et Monastères du Bugey (Dom DUBOIS) : 49.1962
Saint Domitien : Fondateur de St-Rambert : IVe siècle (Dom DUBOIS) : 48.1961
Fondation de l'Abbaye de Saint Benoît : 859 (RAQUIN) : 63.1976
L'abbaye d'Ambronay (GARCIN) : 22.1928
Plainte des religieux contre Mgr Camus (JUILLERON) : 54.1967
Différend entre Ordre de Malte et Syndics du Bugey (CHETAIL) : 68.1981
Le couvent des Cordeliers à Belley (DEPÊRY) : 27.1933
Les Cordeliers de Belley (JUILLERON) : 60.1973
Le couvent des Capucins de Belley (O'REILLY) : 27.1933
Le clos et le couvent des Capucins à Yenne (LAGIER-BRUNO) : 68.1981
Les Bernardines à Bons et Belley (CHARBONNET) : 67.1980

Constitution de pension pour les dames de Neufville : XVIIe s. (RENOUD) : 32.1938
Saint Etienne de Chatillon, Chartreux (JOLY) : 27.1933
Villebois d'après les Archives de la Chartreuse de Portes (JOLY) : 10.1913
Arvières et le Valromey (SEYSSEL-SOTHONOD) : 67.1980
La Congrégation de St-Maur, de l'ordre de St-Benoît (XVIIe-XVIIIe s.) (E. PONCET) : 70.1983
Procédure et inventaire contre les Chartreux d'Arvières : 1692 (RENOUD) : 31.1937
La Chartreuse forteresse de Pierre-Châtel (TOURNIER) : 27.1933
Historique de la chartreuse de Pierre-Châtel (GOUJON) : 36.1949
Les prieurs de Pierre-Châtel (ROBERT) : 65.1978
Affranchissement de Traize par Pierre-Châtel (CHETAIL) : 69.1982
L'Abbaye de Saint Sulpice (FAVRE) : 60.1973
Le prieuré de Corbelin (CHETAIL) : 54.1967
Le prieuré de Saint Genix en Petit Bugey (CHETAIL) : 37.1950 - 38.1951
Le prieuré de Saint Béron (CHETAIL) : 36.1949
Une grange d'Hautecombe à Lavours (CLAIR) : 64.1977
Les granges d'Hautecombe en Petit Bugey (CLAIR) : 66.1979
Un domaine bugiste de l'ordre de Malte (CHETAIL) : 66.1979

III - PAROISSES ET PEUPLE CHRETIEN

Ordonnaz (paroisse et Prieuré) (JOLY) : 3.1910 - 4.1910 - 5.1911
Ochiaz : paroisse en Michaille : XVIIIe s. (CHETAIL) : 65.1978
Fondation de la chapelle du Sauveur à Belley (BRUYERE) : 40.1953
Chapelle du Christ à Champagne en Valromey (CHARVET) : 40.1953
Charte de fondation de l'église de Flaxieu (DE MONTFALCON) : 54.1967
L'église de Passin en Valromey (CHARVET) : 45.1958
Construction laborieuse de l'église d'Arbignieu (J. CHARBONNET) : 70.1983
Les églises d'Arbignieu et Peyzieu : XVIIIe siècle (CHETAIL) : 66.1979
Les paroisses du Petit Bugey (SECRET) : 40.1953 - 41.1954 - 43.1956
Incendie de la cure de Chazey : 1776 (An. DALLEMAGNE) : 41.1954
Le collège de Belley au XVIIIe siècle (CHETAIL) : 67.1980

Le collège de Saint Rambert en Bugey : XVIIe-XVIIIe siècles (TOURNIER) : 13.1919
Les curés de Belley et les fêtes patronales (CHETAIL) : 58.1971
Journal du curé Charcot et autres de Belley (Al. DALLEMAGNE) : 60.1973
La peste de Marseille et le clergé du P.B. (CHETAIL) : 42.1955
De Pierre-Châtel à Hautecombe : l'ordre du Collier (LAGIER-BRUNO) : 70.1983
Charles Solland, curé de Saint-Blaise (Révolution) (JOLY) : 31.1937
Un procès de sorcellerie en 1488 (X...) : 35.1948
Pénitence publique de Pierre de la Balme (NAILLOD) : 9.1913
Une croix de 1504 à St Germain les P. (JUILLERON) : 41.1954
La statue de N.-D. sur le pont de Seyssel (MOLLIÉ) : 46.1959
Le Saint Suaire a-t-il été à Billiat ? (CHAVEYRON) : 61.1974
La « Sainte Demoiselle » de Lavours : Louise Cottin (PERRIN) : 51.1964
L'anneau de Saint Maurice (MARET) : 9.1913

AUTOUR DE LA REVOLUTION

Mgr Cortois de Quincey et la constitution civile du clergé (DEMENTHON) : 9.1913
Mgr Royer, évêque constitutionnel : 1793 (DE SEYSSEL) : 6.1911
Prêtres bugistes pendant la Révolution (NIVIERE) : 61.1974
Deux prêtres du diocèse de Belley : Blin - Dunand (CHETAIL) : 52.1965
Un prêtre en prison à Pierre-Châtel : 1809 (JOLY) : 28.1934 - 29.1935
J.L. Ferre, curé de Faverges, confesseur de la foi (CHETAIL) : 35.1948
Enlèvement des cloches de Cressieu, Bons, Chazey (COHAS) : 28.1934
Echalon pendant la Révolution (E. DUBOIS) : 3.1910
Autour de la Révolution à Belley (CORCELLE) : 11.1914
Rétablissement du diocèse de Belley : 1814-1822 (DEMENTHON) : 12.1914
Rétablissement d'un centre paroissial à Andert-Condon (PERNOLLET) : 46.1959
Le dernier syndic du chapitre de Belley (SŒUR AUBAGUE) : 60.1973

HISTOIRE MILITAIRE

(Voir les histoires générales de Belley ou du Bugey : Table « Histoire générale »)

MOYEN AGE

Quatrième Croisade : conséquences à Hautecombe (CLAIR) : 70.1983
Galois de la Baume, bon chevalier savoisien (XIVe s.) (J.C.) : 34.1947
Défenses de la châtellenie de Seyssel (DEMOTZ) : 65.1978
Le siège et la bataille de Varey (PIC) : 9.1918
Guy de Groslée : XIIIe-XIVe s. (JALABERT) : 64.1977

RENAISSANCE A XVIIIe SIECLE

Imbert de Groslée : XVe s. (RAQUIN) : 32.1938
Un épisode de guerre à Dortan : 1637 (MARET) : 7.1912
Ban et arrière-ban en Bugey : 1674 (MARET) : 10.1913
Equipement d'un cadet gentilhomme bugiste (An. DALLEMAGNE) : 14.1920
Le régiment du Bugey (1692-1713) (CALLET) : 7 et 8.1912
Janus de Bouvent : XVIe s. (JALABERT) : 64.1977
Antoine Fabry : XVIIe s. (JALABERT) : 64.1977
Le lieutenant Pierre de Lons : XVIe s. (JALABERT) : 65.1978
Le Bugey et l'indépendance des Etats-Unis (VAUTRAY) : 69.1982

REVOLUTION ET PREMIER EMPIRE

Les volontaires du Bugey : 1792 (CORCELLE) : 12.1914
Journal d'un grognard (A. et P. DUFOURNET) : 45.1958 - 46.1959 - 47.1960
Prise du Col et de la région de Tende : 1794 (An. DALLEMAGNE) : 35.1948
Campagne d'Italie et d'Allemagne : Brillat-Savarin : 1796-1798 (JUILLERON) : 42.1955
Les conscrits de l'An X à Billième - St-Jean (BEISSON) : 48.1961

TEMPS MODERNES

HISTOIRE DES INSTITUTIONS

(Administrations, Justice, Police, Ordres, Finances, etc...)

ANCIEN REGIME

La noblesse bugiste (CASTIN) : 62.1975 - 64.1977 - 65.1978 - 66.1979 - 67.1980 - 69.1982 - 70.1983
Le Petit Bugey et sa noblesse : XVIIe s. (LÉTANCHE) : 1.1909
Les anciennes assemblées provinciales : XIIIe-XIVe s. (PIC) : 8.1912
Les états de Savoie, 1400 à 1601 (PIC) : 19.1925
Les états de la province du Bugey (PIC) : 2.1909 - 3.1910
Imbert de Groslée, sénéchal de Lyon : XVe s. (RAQUIN) : 32.1938
L'administration du pays de Gex au XVIIIe s. (CASTIN) : 42.1955
Le président Antoine Favre : XVIe s. (GUILLOT) : 36.1949
Anciens registres de l'état civil à Virieu le Grand (CALLET) : 4.1910
Intendant d'impôts à St Rambert au XVIIe s. (TOURNIER) : 12.1914
La dîme sur le vin en Bugey (CHETAIL) : 55.1968
Les impôts du clergé en Bugey (CHEVALIER) : 10.1913
Les cahiers de doléances Bresse-Bugey (FAVRE) : 54.1967 - 30.1947, p. 95
Ordre des avocats du baillage du Bugey et Valromey (1601-1789) : 33.1939
Etude sur les Constitutions du Bugey avant et après 1601 (Document de 1789) : 30.1947, p. 112
Un incident d'audience au baillage du Bugey : 1788 (N. DOMINJON) : 16.1922
Ancienne Confrérie à Ceyzérieu (1767) (CALLET) : 5.1911
La fin du château de Nerciat (1720) (CORGIÉ-LAVALÉE) : 25.1931.

REVOLUTION - TEMPS MODERNES

Faucigny-Lucinge à la Constituante (VINGTRINIER) : 16.1922
Delilia de Croze constituant de l'Ain (Mme Bl. DOMINJON) : 68.1981

DEUXIEME PARTIE

SCIENCES

PLAN

LINGUISTIQUE - ONOMASTIQUE

Les Toponymes de Lhuis (MEHIER) : 69.1982
Variétés toponymiques sur le Valromey (PERCEVEAUX) : 42.1955
Signification des noms de lieux de Virieu le Grand (CALLET) : 10.1913
Noms des habitants de Belley : XVIIIe s. (LEPAULLE) : 33.1939
Les paroisses du Petit-Bugey (Noms de famille) (SECRET) : 43.1956
Communes du Canton d'Yenne : Noms anciens (LAGIER-BRUNO) : 69.1982
Poésies en divers patois de l'Ain : 2.1909
Chansons patoises (GREFFE) : 58.1971

Petite histoire des Burgondes en Bugey (PERCEVEAUX) : 38.1951
Argots d'itinérants des Alpes-Jura (JASSERON) : 51.1964
Les émigrants du Bugey : Peigneurs de chanvre (CORCELLE) : 7.1912
Monographie de la commune de Bellignat (J. DUBOIS) : 7.1912
Gunnar Ahlborn : linguiste suédois, patoisant bugiste (JUILLERON) : 66.1979

GEOLOGIE - PALEONTOLOGIE ANIMALE

Sources des études sur le Bugey (DEMENTHON) : 1.1909
Thomas RIBOUD : Géologue (TOURNIER) : 19.1925
Bibliographie géologique de l'Ain (TOURNIER) : 24.1930
Etudes de géologie et archéologie préhistoriques (TOURNIER) : 21.1927
Du rôle de la vie dans l'évolution de la surface terrestre (MEUNIER) : 2.1909
Aperçus sur l'Histoire géologique du bassin de Belley (P. DOMINJON) : 63.1976
Fragments de Géologie Bugiste (P. DOMINJON) : 48.1961
Les Ammonites du Bugey (P. DOMINJON) : 51.1964
Homoéoplanulites (Ammonitina) du Bugey (P. DOMINJON) : 56.1969
Dent d'Elephas antiquus à Belley (TOURNIER) : 27.1933
Découverte de coquilles tertiaires et du Rhinocéros sans corne à Chézery (J. TOURNIER) : 5.1911
Découverte d'un bois fossile de Cerf (DUBIEZ) : 33.1939
Les découvertes géologiques au clos du grand séminaire (TOURNIER-DUBIEZ) : 26.1932
La catastrophe des Granges de Montagnieu (TOURNIER) : 13.1919

PREHISTOIRE - PROTOHISTOIRE

Etude de géologie et d'archéologie préhistorique (TOURNIER) : 21.1927
Un Ambarrois d'il y a 100 000 ans ? (DECOUR) : 61.1974
Les premiers habitants du Bugey (TOURNIER) : 1.1909 - 3.1910 - 6.1911
La grotte des Hoteaux (TOURNIER) : 17.1923 - 18.1924

GEOGRAPHIE - TOPOGRAPHIE - CARTES

MONTS ET VAUX

Promenade à Bellegarde-Nantua : 5.1911
Monographie de Bellignat (A. DUBOIS) : 6.1911
Ordonnaz (Léon JOLY) : 3.1910
L'industrie du tissage en Bugey (Topographies - Productions - Marais - Haras) : 32.1938
Le bois de Rotonne (JUILLERON) : 61.1974
Yenne, canton rural en 1807 (PUTZ) : 60.1973
Yenne d'après le cadastre de 1830 (SECRET) : 54.1967
Communes du canton d'Yenne (LAGIER-BRUNO) : 69.1982
Fichier sur l'étude de la cluse de Pierre-Châtel (LAGIER-BRUNO) : 52.1965
Structure agraire en Bas-Bugey (TRENARD) : 36.1949
Sur les routes du Bugey - Voyages d'autrefois (VINGTRINIER) : 22.1928

LES EAUX

Lacs de Nantua et de Sylans (Antoine RICHARD) : 1.1909
Le lac de Barterrand (LAMBERT et BALVAY) : 58.1971
Le lac de Barterrand, milieu entrophe (LAMBERT et BALVAY) : 64.1977
Lac de Bar (légendes) : 3.1910, p. 359
Les eaux dans le Bas-Bugey (TRENARD) : 37.1950
Un gué difficile : le Flon (Yenne) (PUTZ) : 59.1972
Digues du Rhône entre Fier et Guiers (CHETAIL) : 46.1959
Boissel et le Cañon du Rhône (RECAMIER) : 35.1948

ROUTES ET PONTS

(Voir aussi Techniques - Industries - Transports)

Passage du Rhône à Cordon (XVIIIe s.) (BLIN) : 63.1976
L'utilisation du Rhône - Génissiat (RECAMIER) : 36.1939
Les voies romaines dans le Bugey (GOUJON) : 37.1950
Routes du pont sur le Rhône à Pierre-Châtel (LAGIER-BRUNO) : 53.1966
La route Lyon-Genève par Nantua (JUILLERON) : 51-1964
Une nouvelle route de Belley au Rhône (1764) (CHETAIL) : 65.1978
La route Paris-Rome et les percées alpines (GOUJON) : 38.1951

ARCHEOLOGIE

I - GENERALITES

Monuments historiques de Belley (André DALLEMAGNE) : 21.1927
Inventaire archéologique : Région de Belley (MAY) : 55.1968
Fouilles archéologiques de Saint-Champs en 1909 (M.S.) : 3.1910
Fouilles d'Izernore en 1909 (PIC) : 1.1909 - 3.1910
Monographie de la commune de Bellignat (J. DUBOIS) : 7.1912
Notes archéologiques sur Virignin, Brens, Billieu (DUBIEZ) : 31.1937
Trois découvertes archéologiques (DUBIEZ) : 33.1939
Quelques trouvailles archéologiques à Belley (JUILLERON) : 63.1976
Fouilles archéologiques : Yenne, Saint-Romain, Jongieux (LAGIER-BRUNO) : 64.1977
Station romaine de Labisco en Petit-Bugey (CHAPPEL et CHARVET) : 68.1981
Site gallo-romain de la combe du Pépet (LAGIER-BRUNO) : 57.1970
Site archéologique de La Villard (LAGIER-BRUNO) : 58.1971
Fouilles archéologiques du Col du Chat (LAGIER-BRUNO et PERNON) : 59.1972
Découvertes archéologiques à Peyzieu-Arbignieu (DUFOURNET et CORNATON) : 60.1973
Découvertes archéologiques en Bugey Savoyard (LAGIER-BRUNO) : 61.1974
Découvertes au clos du Grand Séminaire (TOURNIER et DUBIEZ) : 26.1932
Emprise romaine sur rive droite du Rhône (DUFOURNET) : 63.1976
Cinq découvertes archéologiques au bord du Rhône (LAGIER-BRUNO) : 66.1979
Vestiges romains (Installation hydraulique) à Bellegarde (DUFOURNET) : 70.1983
Cachette énéolithique à Poncin (TOURNIER) : 23.1929
La Grotte de la Sauge (Epoque Gauloise) (TOURNIER) : 26.1932
Les remparts de Belley (XXX) : 58.1971, p. 176

II - AUTELS

Un autel du musée lapidaire de Belley (PIC) : 13.1919
Note sur l'autel antique de Lhuis (LEPAULLE) : 28.1934

Autel votif de la mère des dieux (TOURNIER) : 29.1935
Un autel de Mithra à Saint-Blaise (DUBIEZ) : 32.1938
L'autel gallo-romain du musée de Bourg (GERMAIN) : 19.1925
L'autel gallo-romain de Camulia attica (TOURNIER) : 23.1929

III - TOMBEAUX ET NECROPOLES

Tombe mégalithique à Billieu (DUBIEZ) : 31.1937
Cimetière gallo-romain à Murs (DUBIEZ) : 27.1933
Un musée gallo-romain à Briord (JUILLERON) : 47.1960
Briord la Belle (PAILHES) : 47.1960
Nécropoles gallo-romaines et barbares de Briord (GRANGE-PARRIAT-PERRAUD) : 50.1963
Une basilique paléo-chrétienne à Briord (GRANGE-PARRIAT-PERRAUD) : 52.1965
Catalogue du musée de Briord (PERRAUD) : 59.1972
Sépulture de Chazey-Bons (TOURNIER) : 19.1925 - (SOLEILHAC) : 53.1966
Découvertes de 3 tombes à Géligneux (LAGIER-BRUNO, PERNON, JUILLARD) : 64.1977
Tombe romaine à Peyrieu (DUBIEZ) : 33.1939
Tombe mérovingienne de Cerveyrieu (PERNON) : 61.1974
Nouvelles inscriptions funéraires à Anglefort (DUFOURNET et CHEVALIER) : 68.1981
Sarcophage en plomb (DUBIEZ) : 28.1934, p. 596

IV - INSCRIPTIONS

(Voir à l'Index : Inscriptions anciennes, p. 95)

Note sur deux inscriptions latines du Bugey (RAQUIN) : 33.1939
Les pierres gravées de Blyes (NOEL et VOLUZAN) : 11.1914
Epitaphe burgonde de Yenne (GIRARD) : 57.1970
Une inscription au Grand Séminaire de Belley (JUILLERON) : 45.1958
Quelques inscriptions modernes (DUBIEZ) : 29.1935

V. DIVERS

Croix de Saint-Germain-les-Paroisses, 1504 (JUILLERON) : 41.1954
Céramique ionnienne à Pierre-Châtel (VANBRUGGHE) : 49.1962
La céramique sigillée de Pérignat (Izernore) (LEMAITRE) : 52.1965
Les monnaies de la villa romaine de Pérignat (MITARD) : 52.1965

Deux cachettes monétaires : Col du Chat-Rocheret (LAGIER-BRUNO) : 59.1972
Le temple de Landrecin (LAGIER-BRUNO) : 60.1973
La pierre gisante des Fontaines (LAGIER-BRUNO) : 54.1967 - 55.1968
L'olifant de Portes (TOURNIER) : 19.1925
Brillat-Savarin archéologue (CALLET) : 18.1924
Petite histoire des Burgondes en Bugey (PERCEVEAUX) : 38.1951

BIOLOGIE - MEDECINE - DIETETIQUE

La lèpre dans l'Ain au Moyen Age (LE TESSIER) : 26.1932
La « grande mortalité » en Bugey (1348-50) (SAINT-OLIVE) : 9.1913
La peste de 1720-23 en Bugey (An. DALLEMAGNE) : 21.1927
La peste de 1564 à Saint-Rambert (RACT) : 67.1980, p. 1087
Anciens médecins du Bugey (SAINT-AUBIN) : 12.1914
Honoré Fabri médecin : XVIe s. (CALLET) : 3.1910
Le docteur J.C. Récamier : 1774-1852 (EYRAUD) : 9.1913
De l'Institut Pasteur à Ceyzérieu : l'oncle Roux (PERRIN) : 54.1967
Les eaux minérales de Châtillon (Belley) (An. DALLEMAGNE) : 11.1914
Epigraphie et gastronomie (cuisine romaine) (LEPAULLE) : 31.1937
Brillat-Savarin et la physiologie du goût (CALLET) : 12.1914
Lucien Tendret : 1829-1896 (D'AIGUY) : 39.1952
Le vin des Altesses (LETANCHE) : 4.1910

BOTANIQUE - ZOOLOGIE

Sources des études sur le Bugey (DEMENTHON) : 1.1909
Rhinocéros sans corne (TOURNIER) : 5.1911, p. 179
Le « géant des chênes » de la Balme (LAGIER-BRUNO) : 56.1969
Les loups dans le département de l'Ain, 1800 (CORCELLE) : 13.1919
Un saint, ami des abeilles (RICHARD) : 45.1958
Monographie de Bellignat, Flore (A. DUBOIS) : 6.1911
Tissage en Bugey en 1767 (Plantations - Forêts) (An. DALLEMAGNE) : 32.1938

Quelques fleurs alpines en Bugey (Mlle RICHARD - CALLET) : 35.1948
Quelques champignons comestibles du Bas-Bugey (BRUNARD) : 3.1910 - 4.1910 - 5.1911 - 7.1912
Promenade mycologique dans le bois de Rothonnes (BOZONNET) : 61.1974
Herborisation dans la Cluse des Hôpitaux (GIRERD) : 52.1965
Flore du plateau de Retord (GIRERD) : 61.1974
Le bois de Rothonnes (JUILLERON) : 61.1974 - 62.1975
Le vin des Altesses (J. LETANCHE) : 4.1910
Les vins du Bugey (CORCELLE) : 14.1920
Etude préliminaire pour le parc naturel du Bugey (XXX) : 59.1972

TECHNIQUES - INDUSTRIES - TRANSPORTS

Moissonneuse gauloise (JUILLERON) : 48.1961
L'industrie du tissage en Bugey (An. DALLEMAGNE) : 33.1939 - 34.1947
L'industrie du tissage en Bugey au XVIIIe siècle (An. DALLEMAGNE) : 32.1938
Papiers et chiffons à la fin de l'Ancien Régime (MACHET) : 63.1976
Etablissements industriels en Bugey en fin de l'Ancien Régime (CHETAIL) : 63.1976
Le tunnel du Mont Cenis (LAGIER-BRUNO) : 58.1971
Le pont de Sault-Brénaz (CHETAIL) : 47.1960
Le pont de Seyssel au XVIIIe s. (CHETAIL) : 46.1959
Nouvelle route de Belley au Rhône : 1764 (CHETAIL) : 65.1978
La digue de Landaize en 1738 (CHETAIL) : 50.1963
Les digues du Rhône, du Fier au Guiers (CHETAIL) : 46.1959
L'utilisation du Rhône - Génissiat (RECAMIER) : 36.1949
Précurseurs de l'automobile : Frères Serpollet (XXX) : 68.1981
Monographie d'Oyonnax (Plastiques) (Bl. DOMINJON) : 30.1936
Le tramway du Valromey, 1898-1933 (PERCEVEAUX) : 65.1978

SOCIOLOGIE - CIVILISATION

I - DEMOGRAPHIE

Population du bailliage du Bugey (ABBIATECI) : 60.1973
Population de Belley (1669-1768) (ABBIATECI) : 57.1970
Population du Valromey : XIVe-XVe s. (PERCEVEAUX : 57.1970
Population de Fitignieu aux XIVe et XVe siècles (PERCEVEAUX) : 56.1969
Population de Fitignieu : XIXe s. (PERCEVEAUX) : 54.1967
L'immigration italienne en Bugey vers 1930 (P. DOMINJON, Marie VISTALLI) : 69.1982
Ouvriers émigrants de Paris dans l'Ain : 1789-92 (CORCELLE) : 14.1920
Les émigrants du Bugey : peigneurs de chanvre (CORCELLE) : 7.1912

II - ECONOMIE

1° Economie sociale

La balle d'un colporteur : XVIIIe s. (NAILLOD) : 28.1934
Les routes et le commerce bugiste au XIVe s. (ST-OLIVE) : 7.1912
Le prêt à intérêts après 1601 (CHETAIL) : 64.1977
Crises des subsistances au XIXe s. (ABBIATECI) : 58.1971
Belley économique et social depuis 1880 (CARROZ) : 56.1969
Le Duc d'Aumale à Belley (1844) (Al. DALLEMAGNE) : 48.1961
L'auberge du Valromey : Belley 1832 (PERNOLLET) : 51.1964
L'Hôtel-Dieu de Belley (An. DALLEMAGNE) : 16.1922
Un bureau de charité à Belley (An. DALLEMAGNE) : 15.1921
Un bureau de bienfaisance à Belley (ABBIATECI) : 58.1971, p. 162
Structure agraire en Bas-Bugey (L.-L. TRENARD) : 36.1949
Immigration italienne en 1930 (P. DOMINJON, Marie VISTALLI) : 69.1982
La Zone-témoin du Bas-Bugey (Agriculture) (B. DYVRANDE) : 70.1983

2° Economie familiale

Demande en mariage en 1864 (CHETAIL) : 53.1966
Emancipation à Belley en 1744 (MONTANT) : 46.1959
Des testaments et des hommes : XVIe s. (PERCEVEAUX) : 57.1970

Un testament au XVIIIe s. (SECRET) : 43.1956
Les notables de Belley au siècle des lumières (C. LHERITIER) : 69.1982

III - MŒURS

Documentation sur la terre de Rossillon 1650 (DUBIEZ) : 29.1935
Le Bugey, son esprit et son cœur (CHAGNY) : 4.1910
La vie en Bugey au XVIe s. (PEROUSE) : 9.1913 - 10.1913 - 11.1914 - 12.1914
Saint-Rambert-en-Bugey aux XVIIe et XVIIIe s. (TOURNIER) : 8.1912 - 11.1914 - 12.1914
Carnets de Catholicité à Virieu-le-Grand (XVIe-XVIIIe s.) (CALLET) : 4.1910
Belley en 1789 (CORCELLE) : 11.1914
Mémoires de C.A. Bellod : Valromey (1789-1828) : 31.1937 - 32.1938
Anthelme Collet, l'escroc aux 100 visages (PERCEVEAUX) : 39.1952, p. 50 - 40.1953, p. 55
Balzac et Anthelme Collet (PERCEVEAUX) : 42.1955
Le romantisme en Bugey (LEPAULLE) : 35.1948
En Bugey en 1836 (ROBERT) : 54.1967
Le merveilleux au XVe s. (SAINT-OLIVE) : 6.1911
Le caractère savoyard (SECRET) : 37.1950
Un procès : danses et banvin : 1741 (NAILLOD) : 28.1934
Duel entre de Créqui et de Savoie : 1599 (An. DALLEMAGNE) : 38.1951

IV - VIE QUOTIDIENNE

L'avocat belleysan à la Belle Epoque (P. DOMINJON) : 69.1982
Vie de garnison à Belley à la Belle Epoque (H. QUAIS) : 69.1982
Cendres d'ombres (institutrice rurale en 1930) (L. GONIN) : 68.1981
Les notables de Belley au siècle des Lumières (C. LHERITIER) : 69.1982
Les chanoines de Belley à la Belle Epoque (CHARBONNET) : 68.1981

TROISIEME PARTIE

ARTS

EGLISES

(Voir Table des Illustrations)

Note sur le vieux chœur de l'église de Poncin (MAUPETIT) : 3.1909
Restauration de l'église d'Ambronay (PIC) : 1.1909
Les fondations humaines de l'église de Brou (CHAGNY) : 11.1914
Le musée de la cathédrale de Belley (BRUYERE) : 36.1949
Un coin de la cathédrale de Belley : Façade Nord (DEMENTHON) : 12.1914
La chapelle du Christ à Champagne (CHARVET) : 40.1953
L'église Saint-Laurent d'Etables (GIRAUD) : 43.1956
L'église de Passin en Valromey (CHARVET) : 45.1958
L'église de l'abbaye de St-Rambert-en-Bugey (RACT) : 65.1978
L'église de l'hôpital de Dorches (GIRAUD) : 54.1967
N.-D. des 7 Douleurs à Dommessin (CHETAIL) : 56.1969

MONUMENTS

(Voir Archéologie)

Le tombeau de Boisson, XIXe s. (PASQUIER et LAGIER-BRUNO) : 55.1968
La tombe de N. Nivière-Chol à Virieu (A. CALLET) : 1.1909
Monument de Brillat-Savarin (BONHOMME) : 22.1928
La restauration du monument de Brillat-Savarin (JULLIEN) : 36.1949
Patrimoine : Un véritable massacre (four banal) : 67.1980
La vierge du Mail (GENIQUET) : 58.1971
Monuments historiques du Bugey : Inventaire (MAY) : 55.1968
Monuments historiques de Belley (André DALLEMAGNE) : 21.1927
Visite historique de la Ville de Belley (MAY) : 56.1969
Abbaye d'Ambronay (GARCIN) : 24.1930
Moines et monastères du Bugey (Dom DUBOIS) : 49.1962

MAISONS

Une vieille maison d'Ameyzieu (AUGE de LASSUS) : 3.1910
La maison de Joseph de Maistre à Talissieu (ROBERT) : 68.1981
Crucifixion ancienne sur maison : 58, Grande Rue, Belley (DUBIEZ) : 30.1936
La maison d'autrefois en Bresse et Bugey (VINGTRINIER) : 25.1931

MUSIQUE - THEATRE

La musique à Belley (JUILLERON) : 51.1964
Brillat-Savarin et la musique (BEZOU) : 36.1949
Claude Bornarel : chansonnier en 1789 (PERCEVEAUX) : 49.1962
Le grand orgue de la cathédrale de Belley (LAY) : 51.1964
Charles Dullin et son terroir (LAGIER-BRUNO et SIMON) : 66.1979
Une lecture au Bugey en 1999 (CHAGNY) : 13.1919

CHATEAUX

(Voir Table des Illustrations : Monuments profanes)
La maison forte du Seigneur de Longecombe (CALLET) : 12.1914
Les Allymes (An. DALLEMAGNE) : 33.1939
Le château de Beauretour (GOUJON) : 35.1948

PEINTURES - SCULPTURES TAPISSERIES - GRAVURES - VITRAUX

(Voir Table des Illustrations)

Les très riches heures du Duc de Berry (Marc de SEYSSEL-CRESSIEU) : 15.1921
Le vitrail au Moyen Age à Ambronay (JUILLERON) : 29.1935
Crucifixion ancienne (xe s. ?) (DUBIEZ) : 30.1936
Vie et génie artistique de Michel-Ange (CHAGNY) : 51.1964
Piédestal de croix orné (DUBIEZ) : 30.1936

MONNAIES ET MEDAILLES

QUATRIEME PARTIE

LITTÉRATURE

POESIE

Les titres des poésies correspondant rarement à leur sujet, nous n'indiquons que l'auteur et la référence. Le titre de chaque poésie sera trouvé sans difficulté sur la table des auteurs.

AGUETANT : 5.1911 - 6.1911 - 8.1912 - 11.1914 - 13.1919
BAUDOIN : 43.1956
F. BERLIOZ (Mme) : 34.1947 - 38.1951 - 43.1956
BERTAL : 38.1951
BLANCHET : 13.1919 - 25.1931
CHAGNY : 8.1912
CHAPOY : 5.1911 - 8.1912 - 10.1913 - 18.1924 - 28.1934 - 33.1939
CHARVET : 38.1951
Louis DOMINJON : 34.1947
FALCON : 11.1914
FAVRE (Masson) : 58.1971
GIGUET : 12.1914
GREFFE : 58.1971
LA BATIE : 4.1910 - 9.1913 - 13.1919
LOURDEL : 3.1910 - 5.1911 - 10.1913
MONTHEROD : 42.1955, p. 62/70
OLIVIER : 49.1962
PERCEVEAUX : 39.1952 - 38.1951
PITTION - ROSSILLON : 13.1918 - 13.1919
J. SAINT-PIERRE : 21.1927
SCHWAB : 34.1947
TISSOT : 12.1914 - 13.1919
VITTE : 7.1912 - 12.1914
WOLKONSKY : 39.1952

ETUDES LITTERAIRES

Poésie et mystère (JUILLERON) : 52.1965
Contes et Légendes du Bugey (CARROZ) : 57.1970
Le Bugey mé- et reconnu (GOYAT) : 55.1968

Index

des noms propres de personnes et de choses

étudiés dans les articles

INDEX DES NOMS PROPRES DE PERSONNES

RUBRIQUES INSEREES DANS L'INDEX DES NOMS PROPRES DE PERSONNES

Avocats de Belley
Chartreux
Evêques de Belley
Evêques de Genève
Saints
Savoie (Comtes et Ducs)
Sous-Préfets de Belley

Nota : Les personnes ayant fait uniquement l'objet d'une présentation nécrologique sont indiquées à l'annexe III de l'Histoire générale. Ils peuvent aussi figurer dans la Table des Illustrations.

A

B

C

D

E

F

G

H

I - J - K

L

M

N

O

P

Q

R

S

T

U

V - W

X - Y - Z

INDEX DES NOMS PROPRES DE CHOSES ET RUBRIQUES

RUBRIQUES INSEREES DANS L'INDEX DES NOMS PROPRES DE CHOSES

Abbayes bénédictines
Belle Epoque
Belley
Bugey
Châteaux
Conciles
Démographies
Eglises
Evêchés
Forteresses
Grottes paléontologiques
Inscriptions anciennes
Lacs
Mégalithes
Monastères
Monnaies et médailles
Patois
Routes
Sociétés savantes
Hôpitaux anciens

A

B

C

D

E

F

G

H - I - J

L

M

N

[illegible] 18[illegible], p. 238.
État des [illegible] de Clermont, 65.1078 [illegible]
État des [illegible] en 1790 : idem,
p. [illegible]
État [illegible]
[illegible] 22.
[illegible] 1579, [illegible]

[illegible]
[illegible] (B[illegible]
[illegible]
[illegible] 1076, p. 400.
[illegible] 1949, p. [illegible]
[illegible]
[illegible] 2 [illegible] 130 [illegible]
[illegible] p. 118 [illegible]
[illegible]

O

P

Q

R

S

T

U

V

X - Y - Z

Table des illustrations

Le premier chiffre indique le numéro du fascicule, le second l'année, le ou les suivants les pages.

Lorsque des illustrations se rapportant au même sujet se suivent page par page ou sont éparses dans l'article, seule la première page est indiquée.

Jusqu'en 1936, et rarement plus tard, les illustrations photographiques sont sur papier glacé encarté dans le fascicule. Elles ne sont donc pas paginées. La page indiquée est celle qui se trouve en face de l'illustration.

Le classement des illustrations est différent de celui des chapitres pour des raisons de commodité de recherche.

PLAN

A) L'HOMME

- I - Les restes de nos ancêtres
- II - Les portraits
  - 1° Moyen Age - Ancien Régime
  - 2° Fin XVIIIe-XIXe siècle
  - 3° Les contemporains
    - a) Fondateurs et animateurs de la Société « Le Bugey »
    - b) Autres personnalités
    - c) Groupes (Promenades, Réunions)

B) LES ANIMAUX ET LES PLANTES

C) LES CHOSES

- 1° *Les écrits*
  - Cartes
  - Plans et tableaux
  - Textes

2° *Les paysages*
Paysages habités
La terre et les eaux
Sites archéologiques

3° *Les monuments*
Mégalithiques
Religieux
Profanes

4° *Les meubles*
Préhistoriques
Archéologiques
Monnaies, Médailles, Sceaux, Blasons
Objets religieux
Peinture, Gravure, Sculpture
Vêtements et bijoux
Objets industriels, Outils

D) DIVERS

A) L'HOMME

I - Restes de nos ancêtres

L'homme des Hôteaux (Magdalénien - 12 000 ans environ) :
— crâne : 18.1924, p. 322 - 3.1910, p. 266
— squelette : 3.1910, p. 266-270 - 18.1924, p. 318-322
Squelette gaulois (Ier siècle) : 50.1963, p. 16 - 56.1965, p. 39
Squelette gallo-romain (Ier-IIe siècle) : idem
Squelettes barbares (IVe siècle) : 52.1965, p. 96
Squelettes méso et néolithiques : 51.1964, p. 24
Squelettes de Géligneux (Paléochrétiens) : 74.1977, p. 259-266
Crâne romain du Col du Chat : 59.1972, p. 286

II - Portraits

1° MOYEN AGE - ANCIEN REGIME

Mgr Aymon de Montfalcon (Vitrail) : 55.1968, p. 73-109 - 56.1969, p. 178 - 57.1970, p. 148
Mgr Aleman (Cardinal, XVe s.) : 68.1981, p. 168
Mgr Claude d'Estavayer (XVIe s.) : 10.1913, p. 324
Premiers Chevaliers de l'Ordre du Collier : 70.1983, p. 658
Amédée VIII et sa cour (XVe s.) : 7.1912, p. 480
Philibert II (Vitrail) : 11.1914, p. 388
Marguerite d'Autriche (Vitrail) : 11.1914, p. 388
Laurent de Gorrevod (Vitrail) : 11.1914, p. 410

Honoré d'Urfé (1567-1625) : 2.1909, p. 186 - 9.1913, p. 110 - 19.1925, p. 490
Guichenon Samuel (1607-1664) : 1.1909, p. 43
Honoré Fabri de Virieu-le-Grand (1607-1688) : 3.1910, p. 322
Brillat-Savarin Anthelme (Constituant, 1789) : 4.1910, p. 414
Delilia de Croze (Constituant, 1789), 68.1981, p. 82
Nivière-Chol Antoine (maire de Lyon) : 60.1973, p. 646
Marquis de Thouy (Peyzieu) : 8.1912, p. 640

2° FIN XVIIIe - XIXe SIECLE

Claude Dallemagne (Général, XVIIIe - XIXe s.) : 55.1968, p. 2
De Moyria (Poète, 1770-1838) : 28.1934, p. 490
Hugues Benoît (poète, XIXe s.) : 7.1912, p. 486
Mgr Cortois de Quincey (1751-1791) : 9.1913, p. 84
Mgr Devie (1823-1852) : 12.1914, p. 660
Serpollet (Léon, Henri, Inventeurs) : 68.1981, p. 54
Général Baillod : 8.1912, p. 696
Général Collet-Maigret (1835-1910) : 5.1911, p. 162
Général Sibuet (1866) : 29.1935, p. 38-48 - 30.1936, p. 198
Madame de Morand (épouse Sibuet) : 30.1936, p. 198
Mme Récamier : 17.1923, p. 149-155
Cyvoct Amélie (fille adoptive de Mme Récamier) : 17.1923, p. 139
Récamier (Joseph-Claude) (1774-1852) : 10.1913, p. 196
Sœur Rosalie (Jeanne Rendu, 1787-1856) : 4.1910, p. 426
Mandrin Louis (Malfaiteur) : 4.1910, p. 514
Soliman Pacha (= J. Sève, vice-roi d'Egypte, XIXe s.) : 31.1937, p. 410

3° CONTEMPORAINS

a) Fondateurs et animateurs du « Bugey »

Fondateurs :

Comte Marc de Seyssel-Cressieu : 17.1923, p. 2
Chanoine Tournier (1852-1938) : 33.1939, p. 3
René Pic (1850-1927) : 21.1927, p. 9
Anthelme Bégérard (1852-1912) : 7.1912, p. 403
Chanoine Dementhon (1860-1915) : 13.1919, p. 17
Stéphane Maret (1847-1915) : 13.1919, p. 23

Animateurs :

Général Hote-Bridon (1890-1964), Vice-Président : 51.1964, p. 170
Comte Henri de Seyssel-Cressieu, Président : 62.1975, p. 1073
Abbé Juilleron, Secrétaire perpétuel : 52.1965, p. 195 - 69.1982, p. 215
Abbé Cornaton, Secrétaire perpétuel : 67.1980, p. 965

Brillat-Savarin Joseph, Président : 30.1936, p. 164
Lucien Lourdel, Président : 30.1936, p. 163
Albert Dallemagne, Archiviste-Biblio. : 67.1981, p. 190
Jean Saint-Pierre, Président : 70.1983, p. 459
Jacques May, Président : 67.1981, p. 190
Louis Chaduc, Secrétaire : 21.1927, p. 13

b) Autres personnalités

Flandrin (Frères) (peintres) : 44.1957, p. 97
Hecht Joseph (graveur, etc.) : 44.1957, p. 112
Tarit Jean (sculpteur, 1865-1950) : 57.1970, p. 125
Dullin Charles (comédien, 1885-1949) : 66.1979, p. 872 - 882
Augé de Lassus (poète) : 13.1919, p. 25
Général Fournier : 15.1921, p. 276
Comtesse de Seyssel-Cressieu : 62.1975, p. 1073
Gaudet Pierre-Clément (syndic du Tiers Etat) : 33.1939, p. 101
Günnar Ahlborn (linguiste suédois) : 66.1979, p. 791-795
Bailly, Maire de Ruffieu : 66.1979, p. 795
Bourde Paul (grand colonial) : 33.1939, p. 118

c) Groupe de membres du « Bugey »
pris à l'occasion de promenades ou réunions *dans l'année* du bulletin à :

Chambéry : 50.1963, p. 139
Virieu-le-Grand : 51.1964, p. 166
Belley : 52.1965, p. 193
Briord (Musée) : 56.1969, p. 210
Château Allymes : 57.1970, p. 178
Ch. Clermont : 58.1971, p. 183
Saint-Romain-en-Gal : 60.1973, p. 691
Ch. Mécoraz : 61.1974, p. 890
Ch. Montfleury : 61.1974, p. 894
Briord (Eglise) : 62.1975, p. 1070
Château de Trept : 64.1977, p. 411
Bourget-du-Lac : 64.1977, p. 408
Vaux-en-Bugey : 65.1978, p. 672
Ferney-Voltaire : 65.1978, p. 670
Réception Belley : 65.1978, p. 554
Ass. Générale : 66.1979, p. 943
St-Nizier-le-B. : 66.1979, p. 936
Bureau : 67.1980, p. 195
St-Sulpice : 68.1981, p. 197
Exposition Belley : 68.1981, p. 190
En Petit-Bugey : 69.1982, p. 432
Grotte de la Balme : 69.1982, p. 43
A Pierre-Châtel : 70.1983, p. 676-677
Au C.E.R.N. : 70.1983, p. 675

B) ANIMAUX ET PLANTES

Ammonites jurassiques : 51.1964, p. 9
Ammonites (Homoéoplanulites) : 56.1969, p. 13
Dent d'éléphant fossile (E. antiquus) : 27.1933, p. 411
Le géant des chênes (900 ans) : 56.1969, p. 56-61
Champignons divers : 4.1910, p. 530 - 7.1912, p. 568
Fistulines, Polypores, Bolets : 5.1911, p. 170
Morilles, Truffes, Ammanites : 3.1910, p. 346

C) LES CHOSES

I - TEXTES

Ancien Régime

Extrait d'un arrêt du Sénat de Savoie (1445) :70.1983, p. 526
Statuts de Savoie (XVe s.) : 7.1912, p. 476
Extraits des registres du Conseil privé du Roy (1635) : 54.1967, p. 12
Dalle de fondation des capucins d'Yenne (1649) : 68.1981, p. 40
Lettre de Délilia de Croze à la municipalité de Nantua (1790) : 68.1981, p. 85
Arrêt de la Table de Marbre 1766 (Extrait) : 70.1983, p. 516

Modernes

Registre d'Etat Civil de Fitignieu (1789) : 49.1962, p. 79
Convention à l'Académie de Belley (1821) : 43.1956, p. 25
Lettre de Thiers au Baron Dallemagne (1869) : 61.1974, p. 873
Composition des poudres de mine (1880) : 55.1968, p. 190
Bain de fixage photographique (1880) : 55.1968, p. 189
Formule pour soins dentaires (1880) : 55.1968, p. 189
Carnet de dépenses (1880-81) : 55.1968, p. 191
Fiche d'auteur de l'Abbé Juilleron au « Bugey » : 69.1982, p. 218
Citation Fort-l'Ecluse à l'ordre de l'armée (1940) : 70.1983, p. 499
Lettres du capitaine allemand Karch (1940) : 70.1983, p. 496
Ordre Huntziger de reddition Fort-l'Ecluse (1940) : 70.1983, p. 498

II - CARTES

1° Antiquité et Ancien Régime

Carte des blocs à cupules du Bugey : 60.1973, p. 468
La grande ourse sur un bloc à cupules : 63.1976, p. 32
Région archéologique d'Izernore : 52.1965, p. 103
Voies antiques, région d'Yenne : 53.1966, p. 112
Fouilles dans gallo-romain : rive droite du Rhône : 63.1976, p. 40
Région d'Hiesne (Yenne) : 64.1977, p. 246 - 68.1981, p. 45
Mappe de Saint-Franc (P.B.) : 69.1982, p. 401
Voies romaines et Evêchés région S.E. : 65.1978, p. 442 - 444
Origines de la Maison de Savoie : 5.1911, p. 70
Possessions savoyardes entourant Lausanne (XIIe-XIVe s.) : 56.1969, p. 188
Le Bugey Féodal au XIe siècle : 1.1909, p. 26
Bresse savoyarde - Bresse princière (XVIIe s.) : 63.1976, p. 140
Abbayes du Bugey : 49.1962, p. 10 - 63.1976, p. 58
Divisions ecclésiastiques du Bugey : 1.1909, p. 138
Limites de l'ancien diocèse de Belley : 63.1976, p. 100
Yenne d'après cadastre de 1730 : 44.1957, p. 16
Bresse, Bugey, Dombes, Viennois (1690) : 51. 1964, p. 112
Carte de Cassini (1766) - Fragments : 56.1969, p. 112 - 70.1983, p. 520
Culte de Saint-Maurice : bassin supérieur du Rhône : 52.1965, p. 70
Zone témoin agricole du Bas-Bugey : 70.1983, p. 592

2° Modernes

Alpes italiennes du Sud : 35.1948, p. 63
Itinéraires routiers Paris-Turin : 38.1951, p. 7
Nattages, Virignin, La Balme en 1860 : 52.1965, p. 144
Le Rhône à sortie d'Yenne : 55.1968, p. 183
Le Rhône à Cordon (Port) : 63.1976, p. 134
Section Rhône - Tantainet, Portes, Parves : 65.1978, p. 576
Site de Pépet (Aoste-Yenne) : 57.1970, p. 5
Le Bas-Bugey : 59.1972, p. 313

III - PLANS ET TABLEAUX

1° Tableaux

Courbes de costulation d'Homoéoplanulites (ammonites) : 56.1969, p. 22
Coupe des fouilles (grotte du Pontet) : 54.1967, p. 11 et 16
Tableau des ouvrages géologiques de l'Ain (1779-1927) : 24.1930, p. 581

Généalogie des ducs de Savoie (1391-1553) : 58.1971, p. 53
Généalogie d'Honoré d'Urfé (1500-1625) : 59.1972, p. 332
Population du bailliage de Bugey (1785) : 60.1973, p. 669
Occupation des sols belleysans (1890-1959) : 56.1969, p. 165
Démographie belleysanne (1880-1962) : 56.1969, p. 101, 170, 172
Démographie belleysanne (1669-1768) : 571970, p. 110, 112, 119
Crises alimentaires à Belley (XIXe s.) : 58.1971, p. 160, 163, 167
Prix du froment à Belley (XVIIIe s.) : 57.1970, p. 116
Tableau des avocats au Bailliage de Bugey à Belley (1601) : 33.1939, p. 6
Tableau des avocats à Belley (1789-1972) : 59.1972, p. 355
Chiffres d'affaires du « tanneur » (1939-1967) : 56.1969, p. 174
Productions agricoles du Bas-Bugey (1946-1972) : 70.1983, p. 596 sq.

2° Plans

a) FOUILLES

Grottes des Hôteaux : 17.1923, p. 133
Stratigraphie : 18.1914, p. 306
Grotte de l'Arcanière (Yenne) : 58.1971, p. 12
Site de Villars (Loisieux) : 58.1971, p. 19
Col du Chat : 59.1972, p. 285
Temple de Landrecin (Yenne) : 60.1973, p. 490
Maison romaine de Saint-Champ (Belley) : 3.1910, p. 280
Clos de l'Evêché à Belley : 26.1932, p. 186
Nécropole de Briord : 50.1963, p. 48 - 52.1965, p. 84
Fouilles de l'Abri Gay (Poncin) : 53.1966, p. 10 - 15 - 18
Fouilles à Bellegarde (Archéologie) : 70.1983, p. 466 - 468 - 470 - 472

b) MONUMENTS ANCIENS

Profanes

Remparts de Belley (XVIIIe s.) : 11.1914, p. 498
Villa gallo-romaine de Pérignat : 52.1965, p. 104
Voies romaines en Bugey (VIe siècle) : 65.1978, p. 444
Voies romaines en Petit-Bugey : 68.1981, p. 20
Maison et caniveaux gallo-romains : 57.1970, p. 6
Emplacement des monuments historiques du Bugey : 55.1968, p. 158
Hôtel du marquis d'Yenne : 62.1975, p. 914
Château de Lavours : 64.1977, p. 312
Grange de Hautecombe à Lavours : 64.1977, p. 297
Maison forte de La Rochette (Anglefort) : 65.1978, p. 495

Château de Dorches (Elévation) : 65.1978, p. 488
Pont de la Balme (Savoie) : 33.1966, p. 124 - 131
Ferme bressane (1910) : 63.1976, p. 70

Religieux

Chartreuse d'Arvières (1132) : 23.1929, p. 406
Chartreuse-fort de Pierre-Châtel : 27.1933, p. 398-404 - 44.1957, p. 48 - 46.1959, p. 27 - 48.1961, p. 64
Abbaye de St-Rambert (XIe s. et actuelle) : 65.1978, p. 476
Abbaye de St-Blaise (Cadastre) : 60.1973, p. 538
Abbaye de St-Sulpice (XIIe-XVIIIe s.) : 63.1976, p. 59
Abbaye de Chézéry (XIIe s.) : 14.1920, p. 192 - 15.1921, p. 298
Couvent des Dames de Bons (Belley, 1792) : 25.1931, p. 105
Couvent des Ursulines (Belley, 1792) : 25.1931, p. 98
Couvent des Cordeliers (Belley, 1792) : 25.1931, p. 69
Voies romaines et Evêchés au VIe siècle : 65.1978, p. 444
Evêché, cathédrale, clos du chapitre (Belley, VIIe s.) : 30.1936, p. 280
Eglise d'Etables (Ain, XIIIe siècle) : 43.1956, p. 83
Eglise de L'Hôpital (Ain, XIIe s.) : 54.1967, p. 79

c) MONUMENTS MODERNES - VILLES ET QUARTIERS

Belley :

Rue de Savoie - Bon Repos - Rodette (1789) : 60.1973, p. 541
Cordeliers - Saint-Jean - Evêché : 23.1929, p. 433
Quartier cathédrale : 23.1929, p. 430
Halles et terreaux : 23.1929, p. 458
Plan en 1774 : 22.1928, p. 304
Plan de Cassini (1766) : 16.1922, p. 486
Belley Moderne : 56.1969, p. 147
Route et canalisations de Thoys à Belley (1785) : 11.1914, p. 476

Nantua :

Plan de 1833 : 70.1983, p. 522
Pavillon prévu à Thoys en 1785 : 11.1914, p. 481-483
Villars-en-Bresse (XVIIe s.) : 63.1976, p. 141 - (1928) : 23.1929, p. 464
Versoix (1791) : 21.1927, p. 39
Virignin (quartier Saint-Sorlin) : 31.1937, p. 392
Peyzieu (cadastre) : 60.1973, p. 511 - 515
La Balme (Savoie) (cadastre) : 64.1977, p. 345
Quartier d'Yenne incendié en 1851 : 55.1968, p. 64

d) DIVERS

Carrière de Rocheret (Parves) : 59.1972, p. 310
Lac de Barterand : 58.1971, p. 38 - 64.1977, p. 220

Grottes du Petit-Bugey : 56.1969, p. 28 - 34
La pierre gisante des Fontaines (Yenne) : 55.1968, p. 113

IV - PAYSAGES

1° VILLES OU MONUMENTS

Lhuis - Vue générale : 6.1911, p. 220
Belley au XVIe siècle : 8.1912, p. 592
Seyssel-sur-Rhône (XVIIe s.) : 11.1914, p. 494
Entrée de St-Rambert (XVIIIe s.) : 11.1914, p. 452
Poncin au XVIe s. : 19.1925, p. 446
Ville et lac de Nantua : 5.1911, p. 22
Chamonix en hiver : 40.1953, p. 11
Hautecombe : 40.1953, p. 7
Pierre-Châtel et détroit du Rhône : 7.1912, p. 480 - 28.1934, p. 581 - 53.1966, p. 121
St-Denis et château de St-Germain : 58.1971, p. 18
Ponts de La Balme : 53.1966, p. 135
Léproserie d'Entresaixe/Yenne : 26.1932, p. 246
Talissieu (vues diverses) : 56.1966, p. 115 - 135

2° LA TERRE ET LES EAUX

Le lac des Hôpitaux : 4.1910, p. 398
Le lac du Bourget : 48.1961, p. 113
Etangs en Bugey : 48.1961, p. 113
Cañon et perte du Rhône : 5.1911, p. 6
Aquarelles d'Yvonne Récamier : 39.1952, p. 3 - 8
Paysage par Hecht : 44.1957, p. 113
Tableaux de J. Drevet : 55.1968, p. 166 sq.
Tunnel du Mont-Cenis : 58.1971, p. 149
Cascade de Glandieu : 6.1911, p. 196
Cascade « Fontaine du Comté » (Virieu) : 9.1913, p. 110
L'Albarine aux Balmettes : 11.1914, p. 574
Vallée de Tenay (1827) : 44.1957, p. 96
Montagne et grotte à Roland : 19.1925, p. 502
Pierre des Evêques Mont Landard : 66.1970, p. 735

3° SITES ARCHEOLOGIQUES

Fouilles de Briord : 52.1965, p. 93
Abri sous sac : Craz-en-Michaille : 57.1970, p. 24
Abri Gay : 66.1979, p. 106
Abri de la Colombière : 66.1979, p. 106
Le Villard (Loisieux) : 58.1971, p. 18
Grottes des Chèvres : 54.1967, p. 8
Grottes du Pontet (La Burbanche) : 54.1967, p. 12

V - MONUMENTS

1) RELIGIEUX

Temple gallo-romain de Landrecin (ruines) : 60.1973, p. 493 - 62.1975, p. 931
Reconstitution d'une basilique gallo-romaine (Briord) : 52.1965, p. 11
Eglise de Lhuis : 6.1911, p. 220
Eglise de Traize : 65.1978, p. 450
Eglise de N.-D. de Bourg : 9.1913, p. 342
Eglise de Brou : 10.1913, p. 346 - 348
Eglise de Neyrieu, Verthemex, Trouet (Petit-Bugey) : 41. 1954, p. 87 - 92 - 102
Eglise d'Etables : 43.1956, p. 86
Eglise de Passin : 44.1957, p. 115
Eglise de L'Hôpital : 54.1967, p. 81 - 83
Eglise d'Arbignieu (chœur) : 57.1970, p. 127 - 129
Eglise de Lucey : 61.1974, p. 864
Eglise de Nantua (portail) : 5.1911, p. 28
Eglise de Vieu (porche) : 65.1978, p. 466
Eglise de Saint-André-de-Bagé (clocher) : 66.1979, p. 937
Eglise d'Ordonnaz (presbytère) : 5.1911, p. 132
Chapelle d'Ameyzieu et maison : 59.1972, p. 388 - 392
Chapelle de Vongnes : 62.1975, p. 1087
Eglise d'Ambronay : 24.1930, p. 556-564 - 29.1935, p. 74 (façade, porche, nef, chœur) - 24.1930, p. 544 (cloître) et 548 (frise) - 549.552 (tombeau et chapelle Abbé Mauvoisin) et 572 (sacristie) - 8.1912, p. 736 (portail) et 22.1928, p. 168 - 184 (cloître).
Cathédrale de Belley (au XIIe s.) : 12.1914, p. 724 - 56.1969, p. 155 - (au XIXe s.) : 8.1912, p. 600 - 35.1948, p. 21
Cathédrale de Lausanne (portail) : 57.1970, p. 165
Couvent des Dames de Bons à Bons : 67.1980, p. 1060 - à Belley (grande rue) : 67.1980, p. 1076
Cloître de Saint-Sulpice (ruines) : 63.1976, p. 62
Chartreuse de Pierre-Châtel : 11.1914, p. 426
Chartreuse de Portes : 27.1933, p. 35
Couvent des Capucins à Belley : 9.1913, p. 32
Prieuré de Conzieu (vestiges) : 64.1977, p. 398
Portes de l'Arc et chapelle Visitation (1824) : 8.1912, p. 600 - 9.1913, p. 48 - 56.1969, p. 151
Calvaire du cimetière de Vieu : 5.1911, p. 77 - 65.1978, p. 469

2° PROFANES

Cabane de berger (âge du bronze) : 67.1980, p. 971
Tombe du Ier siècle à Briord : 52.1965, p. 39 - 96
Tombe mérovingienne (Cerveyrieu) : 61.1974, p. 752
Tombeau de P. Boisson (P.B.) : 55.1968, p. 182

Château des Allymes : 11.1914, p. 526 - 33.1939, p. 72
Château du Châtelard (Dullin) : 66.1979, p. 875
Château de Châtillon-de-Michaille : 4.1910, p. 514
Château de Chazey-sur-Ain : 7.1912, p. 514
Château de Couvaloup (Montagnieu) : 60.1977, p. 412
Château de Groslée : 3.1910, p. 218 - 5.1911, p. 208 - 64.1977, p. 327 - 332
Château d'Hostel (Belmont) : 66.1979, p. 940
Château de Lavours : 64.1977, p. 316
Château de Lompnès : 64.1977, p. 384
Château de Montville (Cheignieu-la-Balme) : 66.1979, p. 939
Château de Montcarrat (Crapéou, ruines) : 64.1977, p. 384
Château de Saint-André-de-Bagé : 21.1927, p. 80
Château de Saint-Germain-d'Ambérieu : 7.1912, p. 488
Château de la Serra : 21.1927, p. 80
Château de Sothonod : 25.1931, p. 146
Château de Varey : 8.1912, p. 736 - 9.1913, p. 132
Projets de châteaux par Chastillon (1547-1616) : 11.1914, p. 492
Remparts de Belley : 58.1971, p. 177
Arcades, place des Terreaux, Belley : 8.1912, p. 608
Maison de Savoie à Belley (Caisse d'Epargne) : 8.1912, p. 608 - 56.1969, p. 150
Tour de la maison du gouverneur, Belley : 56.1969, p. 149
Maison Parat à Belley (XVIIIe s.) : 69.1982, p. 416
Maison de chanoine à Belley (XVIIIe s.) : 69.1982, p. 416
Porte maison « d'Olivier le Daim » à Belley : 56.1969, p. 154
Hôpital de Belley (1920) : 16.1922, p. 518
Ecole primaire supérieure, Belley (1898-1969) : 56.1969, p. 139
Maison de Brillat-Savarin à Belley : 9.1913, p. 48 - 14.1920, p. 216 - 42.1955, p. 4 - 56.1969, p. 152
Vieilles maisons belleysannes : 23.1929, p. 324
Types de maisons bugistes : 59.1972, p. 312
Maison de Bonivard (XVIe s.) : 18.1924, p. 377 - 19.1925, p. 377
Maison Bolomier à Poncin : 20.1926, p. 594
Portail du domaine du Marquis d'Yenne : 62.1975, p. 914
Four banal de Donalèche (Cuzieu) : 67.1980, p. 1095 - 1097
Four de Sorbier à Parves : 64.1977, p. 405
Vieux monuments à Talissieu : 56.1969, p. 119
Vieux puits d'Ontex (Savoie) : 62.1975, p. 917

3° *MEGALITHES*

Dolmen naturel de Nant (Nattages) : 60.1973, p. 488
Menhir de Simandre : 66.1979, p. 710
Blocs à cupules et blocs troués : 17.1923, p. 176 - 60.1973, p. 470 - 67.1980, p. 968
La Pierre Vire à Saint-Maurice-de-Rotherens : 61.1974, p. 748

VI - OBJETS MOBILIERS

1° OUTILS - VASES

a) Préhistoriques

Grotte de Ramasse (Néanderthal) : Silex : 66.1979, p. 707
Villereversure (Moustérien) : 20.1926, p. 545
Grottes des Hôteaux (Magdalénien) :
    Dent ours et silex : 18.1924, p. 310
    Matériel osseux : 66.1979, p. 740
    Os gravé : 18.1924, p. 330 - 66.1979, p. 740
Grotte de La Raillarde (Magdalénien) :
    Silex : 66.1979, p. 709
Abri de La Croze (Magdalénien) :
    Outil silex et os : 20.1926, p. 554 - 560
    Sagaie : 53.1966, p. 24
    Galets gravés : 20.1926, p. 552
Abri de La Maladière (Magdalénien) :
    Silex : 21.1927, p. 56 - 28.1934, p. 584
Abri Gay (Magdalénien) :
    Outillage lithique : 53.1966, p. 14 - 19
Grotte de la Bonne Femme (Azilien) : 6.1911, p. 282
Outils méso et néolithiques en Bugey : 51.1964, p. 24
Craz-en-Michaille (Objets néolithiques) : 57.1970, p. 37
Grottes du Pontet (Age du bronze) : 54.1967, p. 14
Grotte des Romains (Age du bronze) : 53.1966, p. 38 - 46
Vase de Virignin (Age du bronze) : 66.1979, p. 712
Objets du bronze final : 66.1979, p. 698

b) Protohistoriques

Poteries gauloises (grotte de La Sauge) : 26.1932, p. 174
Grille de métier à tisser gaulois : 50.1963, p. 49 et 61
Hache, serpe, stylets gaulois : 52.1965, p. 61

c) Gallo-romains et barbares

Céramiques phocéennes : 49.1962, p. 64
La déesse Epona (Ier siècle) : 65.1978, p. 454
Céramiques de Briord : 50.1963, p. 16 - 48 - 52.1965, p. 43
Verrerie et petits objets de Briord : 50.1963, p. 49 - 56 - 52.1965, p. 43 - 45 - 56
Vase romain en terre rouge (St-Champs) : 3.1910, p. 282
Vase gallo-romain de Murs : 27.1933, p. 435
Poteries rouges gallo-romaines (Belley) : 26.1932, p. 174 - 190
Vestiges gallo-romains de Traize : 57.1970, p. 15 - 17
Vase romain du Col du Chat : 59.1972, p. 307 - 68.1981, p. 49
Gallo-romain et Mérovingien à Briord : 59.1972, p. 199
Signature de potiers gallo-romains (Ier s.) : 26.1932, p. 192

Sarcophage d'Anglefort : 56.1969, p. 208
Objets divers du Col du Chat : 59.1972, p. 287 - 293
Céramiques d'Etain (Yenne) (Ier - IIIe s.) : 64.1977, p. 242
Symbole de l'arche de Noé : 66.1979, p. 718 - 720
Dessins de vases sigillés (Pérignat, Poncin) : 52.1965, p. 117 - 53.1966, p. 11
Moissonneuse gauloise (Ier s.) : 48.1961, p. 132
Olifant en ivoire de Portes (Sarrazin ?) : 19.1925, p. 498

d) Moyen âge et modernes

Charrue du Bas-Bugey (1774) : 60.1973, p. 672
Char à bœufs (XIXe s.) : 60.1973, p. 559
La batteuse à vapeur : 66.1979, p. 878
Tricycles et autos à vapeur (1888 à 1906) : 68.1980, p. 60

2° MONNAIES - MEDAILLES - SCEAUX - BLASONS

Armoiries des Thoire-Villars : 23.1929, p. 464
Insignes de l'Ordre de l'Annonciade : 66.1979, p. 818
Blason de Yenne : 65.1978, p. 447
Blason des d'Oncieux : 66.1979, p. 942
Blason du Prieur de Talisieu : 56.1969, p. 120
Sceau de Charles de Seyssel : 64.1977, p. 358
Armes de l'Abbé de Saint-Rambert : 65.1978, p. 480
Monnaies mérovingiennes : 30.1936, p. 219
Monnaies romaines (Col du Chat) : 59.1972, p. 307
Médaille et anneau de St-Maurice (XVIe s.) : 9.1913, p. 103
Cachette monétaire du Col du Chat (Ier s.) : 65.1978, p. 452

3° OBJETS DE CULTE OU SUJETS RELIGIEUX

Autel gaulois au dieu Maillet : 13.1918, p. 26
Cippe avec sculpture de Sylvain : 64.1977, p. 249 - 65.1978, p. 453
Stèle des Antistii (Belley) : 63.1977, p. 49
Cippe et bénitier de Talissieu : 56.1969, p. 114 - 117
Stèles funéraires d'Anglefort : 69.1981, p. 12
Pierres gravées de Blyes (XVe s.) : 11.1914, p. 554
Châsse de Saint-Arthaud (Lochieu, XIXe s.) : 26.1932, p. 230
Rétable du cimetière de Lagnieu : 7.1912, p. 514
Rétable chapelle de Brens : 31.1937, p. 398
Triptyque de Champagne-en-Valromey : 40.1953, p. 49
Duc et Duchesse de Savoie adorant (1485) : 15.1921, p. 402
Saint Jacques et Catherine (Vitrail, XVIIe s.) : 29.1935, p. 89
Deux évêques à Ambronay (Vitrail) : 29.1935, p. 85
Deux martyrs à Ambronay (Vitrail) : 29.1935, p. 78
Statue Vierge à la chaise (Belley, XIIIe s.) : 36.1949, p. 157
Statue de Saint Roland (XIIIe s. ?) : 14.1920, p. 183

Statue de Saint Crépin : 10.1913, p. 366
Statue de la Charité (Belley, XVIe s.) : 36.1949, p. 157
Statue de la Foi (Belley, XVIe s.) : 36.1949, p. 157
Statue de Saint Maurice (XVIIe s.) : 44.1957, p. 116
Vierge à l'enfant (XVIIIe s.) : 44.1957, p. 116
Tête de Christ en croix (Belley, XVIe s.) : 36.1949, p. 157
Crucifixion sculptée (Belley, Xe s.) : 30.1936, p. 222
Piédestal de croix (Belley) : 30.1936, p. 225
« Les Apôtres » par Tarit (Arbignieu) : 57.1970, p. 127 - 129
La cloche de Pierre-Châtel : 27.1933, p. 403
La croix des Chartreux (carte et dessin) : 66.1979, p. 733

VII - VETEMENTS ET BIJOUX

1° ANTIQUES

Pendeloque préhistorique (La Balme) : 61.1974, p. 747
Amulette isiaque : 14.1920, p. 207
Talisman essénien (?) : 65.1978, p. 464
Croix pendentif de Landrecin : 65.1978, p. 463
Fibules, perles, boucles gallo-romaines : 50.1963, p. 48 - 56
Fibules, bagues et bracelets du Ier siècle : 59.1972, p. 287
Bijoux d'époque barbare : 52.1965, p. 56
Bague gallo-romaine (Vanchy) : 70.1983, p. 472

2° MODERNES

Coiffe féminine bugiste : 60.1973, p. 559
Costumes traditionnels (région d'Yenne) : 68.1981, p. 178
Costume de bressane : 10.1913, p. 366
Gendarme à cheval (fin XIXe s.) : 69.1982, p. 327
Uniformes militaires français (XIXe et XXe s.) : 69.1982, p. 305

D) DIVERS

EVENEMENTS

Assemblée des membres de l'Ordre du Collier (XIVe s.) : 70.1983, p. 658
Départ des sorciers pour le sabbat (XVe s.) : 6.1911, p. 328
Bataille de Luzzara (gravure, XVIIIe s.) : 8.1912, p. 635
Le siège de Paris (1871) : 69.1982, p. 304
Cérémonie familiale à l'Evêché de Belley (XVIIIe s.) : 8.1912, p. 615
Le supplice de Berthelier (XVIe s.) : 18.1924, p. 370

TABLE DES MATIERES

LES INDEX :

Imp. du Bugey, 01300 Belley

Dépôt légal : 2e trim. 1984

MISE A JOUR DE LA TABLE GENERALE

Vous trouverez ci-dessous les rectifications des erreurs ou omissions qui ont été relevées depuis la parution de la table. Nous remercions vivement les auteurs et les abonnés qui ont bien voulu nous les signaler.

D'autre part, nous vous indiquons les rubriques et pages de la table où doivent figurer les articles du fascicule N° 71 (Année 1984). Vous pourrez ainsi mettre à jour la table des articles. La table des auteurs étant alphabétique, il n'y aura aucune difficulté à la compléter. Les index et la table des illustrations étant également alphabétiques, peuvent être facilement complétés à leur place orthographique.

Pour toutes ces mises à jour la page blanche en face de chaque page imprimée présente toute la place nécessaire.

-:-:-:-:-:-:-:-:-:-:

1) RECTIFICATIONS

PAGES : 6 En fin du titre : ANNONYMES, ajouter : UNE DEMANDE EN MARIAGE : 53 - 1966

7 Après ABBIATECI André : ajouter : Professeur d'Histoire.

10 En fin de pages, ajouter : Philibert BERTHELIER, fondateur de la République de Genève. 19 - 1925.

13 Supprimer la ligne 30.

18 Compléter: DUBOIS E. par DUBOIS Eugène.
modifier : DUFOURNET Antoine par DUFOURNET Paul
en dernière ligne, mettre des majuscules à : Sous Sac.

23 Sous "LAGIER BRUNO" : remplacer "Fonctionnaire" par "INGENIEUR HONORAIRE"

36 2ème ligne : rectifier "SOUS SAC" et ajouter en fin de ligne "AVEC DUFOURNET".

40 Ligne 24 : après"Perceveaux" ajouter : "-DUFOURNET".

45 Ajouter en fin de page : Famines et disettes en BUGEY (ABBIATECI) 57.1970 p. 10[illegible]
58.1971 p. 1[illegible]

46 Ligne 38 commençant par CHETAIL, remplacer : P. 74 par "P. 69".

56 Dans le titre : PLAN : après SOCIOLOGIE-CIVILISATION, ajouter : "ECONOMIE".

57 6ème ligne : remplacer "J. DUBOIS" par "E. DUBOIS".

58 13ème ligne : mettre deux " N " à Bonnamour.
20ème ligne : mettre des majuscules à "Sous-Sac".

59 2ème ligne : remplacer "A. DUBOIS par "E. DUBOIS".

60 5ème ligne : supprimer le S de SAINT CHAMP.
8ème ligne : remplacer "J. DUBOIS" par "E. DUBOIS" et ajouter : 6.1911.
9ème ligne : ajouter : 8.1912.
35ème ligne : supprimer (Installation Hydraulique)

61 38ème ligne : corriger : "IONIENNE"

62 25ème ligne : corriger : "Physiologie"

64 22ème ligne : après (ABBIATECI) ajouter : voir aussi : 57.1970 P. 107.

66 17ème ligne : corriger : "Hôpital".
28ème ligne : corriger : "VIERGE".

70 18ème et 19ème lignes : "Physiologie".
71 ALEMAN Louis : ajouter : 5.1911 page : 147.
75 Entre DALLEMAGNE et DELAPIERRE, insérer : Daniel ROPS (Ecrivain XX°) 38.1951 P.68
87 2ème ligne : corriger : 1979 et ajouter en fin de ligne : "et 927".
3ème ligne : la supprimer.
16ème ligne : remplacer : page 589 par la "page 593".

RECTIFICATIONS ET ADDITIONS À LA TABLE GENERALE DES ARTICLES DE LA REVUE "LE BUGEY"

-:- -:-

(1 9 8 6)

Un travail de révision, poursuivi au cours de l'année, a permis de découvrir, un certain nombre d'erreurs et d'omissions que la présente rectification, s'ajoutant à celle de l'année dernière permettra de corriger.

En ce qui concerne la mise à jour, en suite de la parution du numéro 72 de la revue, les sociétaires peuvent la faire eux-mêmes, tant dans la table des auteurs que dans les divers index ou tables des articles : choisissant eux-même la place où ils les insèreront, ils pourront d'ailleurs les retrouver plus facilement

PAGES

RECTIFICATIONS

42: Entre lignes 26 et 27 ajouter "Rattachement du Bugey à la France (GOUJON) 39.1952 p.10"

44: Avant L'EPOQUE MODERNE insérer" Aspects de la Révolution à Champagne en Valromey (PERCEVEAUX) 48.1961

46: 13° ligne remplacer "Charles Quint" par Frédéric "Barberousse"
Entre lignes I8 et 19 "Charte de fondation de " l'église de Flaxieu (1492) MONTFALCON 54.1967 "
Entre lignes 28 et 29 "Statistique de Bouchu " sur Ordonnaz 6.1911 p.258 "

47: Entre lignes 4 et 5 "Adresse des citoyens de Belley à la Convention (AnIII" 61.1974 p.797"

49: Ligne 9 remplacer "DALLEMAGNE "par"GAUDET ET DEMERIOZ"
Ligne 14 après "Les curés du Bugey " ajouter " et les fêtes patronales "

53: Aprés "CHAGNY" ajouter:" 28.1934"

54: En fin de page ajouter" Les cahiers de doléances du Bugey et de la Dombes (FAVRE) 54.1967

58 : Ligne.26 Remplacer " I8.1924" par"17.1923"

64 1° ligne Ajouter " ECONOMIE"
Entre 23° et 24° ligne ajouter:" Situation "économique de Nantua en I811 (FAVRE) 54.1967 "
En fin de page, ajouter" Testament Dupasquier 1779 " (SECRET) 43.1956 p.106 "

66 : 6° ligne A la place de " 3.1909" mettre "2.1909"

80: 23° ligne " Aprés "VIVIERE Antoine" remplacer " Curé " par "Maire de Lyon" et supprimer en fin de ligne les chiffres" 61.1974 p.815"

82 : Derniére ligne Modifier comme suit " Philibert " I° (XV° s.) 6.1911 p.269 - 15.1921 p.265

83 : Entre lignes 7 et 8 ajouter" Emmanuel-Philibert "(XVI° s.) 33.1939 p.73

84 : 4° ligne . Entre" THOMOBERT" et" ROCQUET" "DE MONTGEFFON" mettre " ROUY ou TROY de "PESIEU" 8.1912 p.639 - 71.1984 p.331

Page 85: Dans la liste des Rubriques, entre"Patois"et "Routes" mettre "Révolutions"

Page 86: 3I° ligne . Ajouter en fin de ligne" 31.1937

Page 87. Entre 12° et 13° ligne mettre " ETYMOLOGIE" " 22.1828 p.278 "

Page 89: A la 2° ligne sous le mot"Champagne en Valromey remplacer "40.1953 p.39 " par" 29.1934 p.596"

Page: 90 : Entre"CHAZEY-BONS"et"CHENE- GEANT" insérer " CHAZEY-ROTHONOD I8.1924 p.210"

Page 91 : En fin de la lettre " C " ajouter " CUPULES "(Pierres à ...) 17.1923 p.164 - 60.1973 -63.197

Page: 92: 4° ligne , ajouter" (ORGUES) 51.1864 "

Page 98: Ligne 8 aprés "Pierres à cupules" mettre" XXXX "17.1923 p.164"
Ligne 9 : Ajouter " 63.1976 p.25"

Page 99: Entre"MONTCEAUX"et"MONTVERAN" insérer" MONTFERRAND (Seigneurie) 30.1936 p.295
Avant la lettre " N " mettre "MUSIQUE, (Histoire de la ...) 51.1964 page: 80 "

Page: 100 Entre "ORDONNAZ" et " OYONNAX" mettre " ORGUES DE BELLEY . 51.1954 "
Entre lignes 22 et 23 mettre" A la frontiére " Sabaudo-Bugiste. (49.1962)"

Page: 102 Ligne 9 ajouter " 35.1948 p.109 "
Ligne 12 : Supprimer la ligne
Entre lignes I5 et 16 insérer "
" à Champagne en Valromey: 48.1961"
" à Cressieu: 18.1924 p.607 "
Ligne 21 mettre " 539" au lieu de "541"

Page: 104 Au mot " SAVOIE" ajouter " Rattachements à la "France"
"En 1536 : 4.1910 p.491 - 34.1937 p.116 - 70. 1983 p.527"
" En 1601: "34.1952 p.99 et 109 -46.1959 p.10
"En 1760 (Rect. de frontiére) 2.1909 p.200 -14.192 p.176"
Au mot "SAVOIE" en 2° ligne, remplacer "6.1911" par " 5.1911"

Page: 110 Derniére ligne Ajouter " 69.1983 p;473 "

Page: 111 Ligne 32 aprés "SOCIOLOGIE -CIVILISATION " ajouter" ECONOMIE"

www.ingramcontent.com/pod-product-compliance
Lightning Source LLC
LaVergne TN
LVHW080957230826
846092LV00006B/1052

* 9 7 8 2 3 2 9 7 6 2 2 5 8 *